작은 물결이　　파도가 되어

작은 물결이 파도가 되어

김삼환 목사의

나누는 삶,
섬기는 사랑에
대하여

은파기념사업회 지음

현암사

작은 물결이
파도가 되어

김삼환 목사와 명성교회는 지난 40여 년 동안 선교와 구제와 나눔에 힘써 왔습니다. 오직 주님의 은혜입니다. 김삼환 목사는 젊은 시절 많은 어려움을 겪었습니다. 어린 시절 가난과 굶주림은 늘 그를 따라다녔고, 전도사 시절에는 먹을 것이 없어서 그의 아내가 스텐 그릇을 머리에 이고 나가 장사를 했습니다. 첫 아이가 아픈데 병원에 갈 돈이 없어 아이를 잃은 아픈 기억도 있습니다.

그래서인지 그는 가난하고 아픈 사람, 우는 사람을 보면 지나치지 못하고 그들을 위로하는 일에 앞장서 왔습니다. 목회를 하다가 홀로 되신 사모님들, 시골에서 서울로 올라와 어려운 환경 속에서 공부하는 학생들을 위한 집을 지은 것은, 그가 가난했기 때문에, 배고파 보았기 때문이었습니다. 소외된 자로 살아보지 않았다면 그 아픔과 슬픔을 몰랐을 것입니다. 그는 교인들에게 항상 나누고 섬기는 삶에 대해 설교합니다.

"사랑은 힘이 있고, 능력이 있고, 생명이 있습니다. 추워도 추운 것을 모르고, 배고파도 배고픈 것을 모르는 것이 사랑입니다. 항상 가치 있고, 보람 있고, 행복한 것이 사랑입니다. 사랑하면 다 삽니다. 사랑하면 하늘과 땅의 복을 다 받지만, 서로 미워하고 이기적인 욕심을 가지면 다 죽습니다. 내 기쁨만을 얻으려고 하면 어디에도 행복이 없습니다. 개인이나 가정, 나아가 사회와 국가가 발전하려면 섬기고 봉사하고 나누는 일에 함께해야 합니다. 서로의 약점이나 허물을 들추어내며 끊임없이 서로를 비판하는 사회는 분열되어 발전할 수 없습니다. 산소와 수소는 불을 붙이는 원소이지만 이 둘이 합쳐지면 H_2O, 물이 되어 불을 끌 수 있게 됩니다. 물은 부딪치지 않고 돌아갑니다. 많은 사람들에게 생명을 골고루 나누어 주고, 모든 것을 받아 주고, 쓰레기를 던져도 욕하지 않습니다. 우리의 교만과 욕심, 이기심을 내려두고 나눔과 섬김으로 하나가 되면 우리는 졸졸 흐르는 냇물이 되고, 굽이치는 한강이 될 수 있습니다.”

“선한 일을 하면 행복합니다. 마음이 평화롭습니다. 우리가 선한 씨를 뿌리면 그 씨가 복이 되어 돌아옵니다. 누구나 때가 되면 받은 복을 돌려주어야 합니다. ‘이만하면 됐다, 감사하다.’라는 생각으로, 이웃과 나누고 사랑할 때 우리 마음에 비로소 참된 기쁨이 옵니다. 참된 기독교인은 항상 어려운 사람을 보는 눈과 귀가 열리게 되어 있습니다. “누가 어렵단다. 힘들단다. 누가 애들을 학교에 못 보낸단다. 누구는 지금 아프단다.” 자꾸 이런 소리가 들립니다. 일단 나누고 섬기고자 마음만 먹는다면, 할 일은 엄청나게 많습니다.

물론 쉬운 일은 아닙니다. 섬김과 봉사는 희생을 요구합니다. 나의 시간과 물질이 들어갑니다. 아주 많은 힘과 행동이 필요합니다. 그러나 이것이 부족하면 이름뿐인 교회, 이름뿐인 종교가 됩니다. 우리는 언제 죽을지 알 수 없습니다. 하나님이 부르시면 가는 것입니다. 돈이 아무리 많아도 하나도 못 쓰고 갑니다. 어차피 죽으면 내 것이 아니게 됩니다. 그러니 사는 동안 있는 것을 제발 좀 많이 쓰십시오. 좋은 곳에 잘 쓰십시오. 내 것이 아닌 것을 내게 주셨을 때, 좋은 일에 많이 쓰십시오.”

곳간을 열어 어려운 분들을 섬기다 보면, 하나님께서 부족한 것들을 채워 주셨습니다. 서해안 유류피해 극복, 아시아 최초 기독교 교도소 건립, 에티오피아 병원과 의과대학 설립을 비롯하여 한국 사회와 온 세계를 섬기는 일에 지금까지 많은 사람들이 동참하고 있습니다.

지금까지 김삼환 목사와 명성교회는 이러한 사역들을 외부로 알리는 일에 소극적이었습니다. 오른손이 하는 것을 왼손이 모르게 하라는 예수님의 말씀 때문이었습니다. 그러나 이 세상에는 아직도 우리의 섬김과 나눔이 필요한 곳이 너무나 많습니다. 보호의 사각지대에 놓인 청소년들, 독거노인들, 가난으로 생계가 어려운 분들, 장애인, 외국인 근로자, 북한이탈주민, 그리고 군대, 병원, 학교, 교도소와 같은 기관들과 저 멀리 분쟁지역과 가난한 나라들…….

아직도 이 세상에는 밤잠을 못자고 우는 사람들이 많습니다. 여러분의 나눔과 섬김이 필요한 이들이 하늘의 별처럼 많습니다. 분열이 있는 곳을 화목하게 하려고 하나님께서 우리를 이 세상에 보내셨습니다. 우리는 우는 자의 눈물을 닦아 주고, 버림받은 자에게 친구가 되고, 많은 사람에게 기쁨과 행복을 주고, 사랑을 나누어야 합니다. 이 책은 지난 40여 년 간 김삼환 목사와 명성교회가 나누고 섬겨 온 일들의 기록이기도

하지만, 독자 여러분께 드리는 하나의 씨앗이기도 합니다. 부디 이 씨앗이 여러분의 마음에 심겨져 또 다른 나눔과 섬김의 열매를 맺기를 기도합니다.

차례

1장
아무것도 없는 곳에서
피어난 나눔

2장
영혼을 살리는 병원,
MCM을 세우다

아무것도 없는 곳에서   피어난
나눔

새벽종이
울릴 때

그는 가난한 농민의 아들로 태어났다. 그에게 가난은 부끄러운 일도 고통스러운 일도 아니었다. 벗어나고 싶은 고된 상황이긴 했으나 가난이 그의 삶을 옭아매지는 않았다.

김삼환 목사의 어린 시절, 그가 살았던 집은 첩첩산중 두메산골이었다. 자동차도 없고 버스도 다니지 않았다. 사람들의 발자국만을 헤아리며 찾아가야 했던, 자칫 잘못하면 낭떠러지로 떨어지는 '벼룩길'이라는 길을 지나야 나오는 집이었다. 몇 채 되지 않는 낡은 집들이 논과 밭을 사이에 두고 이웃해 있고 들리는 소리라고는 소 울음소리, 개 짖는 소리, 새소

17

리가 전부인 곳이었다. 모두가 가난한 마을이었다. 한 마을에 사는 친척 중엔 그래도 형편이 나은 집도 있었지만 식구 많은 그의 집은 그저 늘 가난했다. 좁은 집에 사람은 가득 차고 곳간은 헐렁했다. 천생 농사꾼이었던 아버지는 술과 도박을 좋아해 틈만 나면 밖으로 돌았다고 한다. 그는 어린 마음에 아버지를 원망하면서도 아버지의 농사일을 돕는 착한 아들이었다.

해방 전 태어난 김삼환 목사의 고향은 경북 영양군 청기면. 100년 전에 이미 복음이 전해진 신앙의 역사가 깊은 고장이었다. 그의 어머니에게 교회는 가난한 살림에 집안의 대를 이을 아들을 살리기 위한 유일한 희망이었다. 첫째 딸과 둘째 딸을 가난과 돌림병으로 잃고 셋째 딸을 낳은 후에 얻은 네 번째 아이는 아들이었다. 그 아들을 살리기 위하여 그의 어머니는 뒤뜰 나무 밑 산신에게 빌던 접시 물을 걷어냈다. 치성을 드려봤자 아이들이 죽어 나가는 것을 본 어머니였다. 삼칠일도 되기 전에 아들을 업고 이십 리가 넘는 길을 걸어 교회로 갔다. 그렇게 신앙의 기초를 쌓기 시작했다.

"내가 기댈 곳이 어디 있나. 그저 하나님께 의탁해야지. '우리 아들, 아프지 않고 죽지 않게 해주세요' 하며 교회 가는 내내 기도하면서 걸었다."

등에 업은 갓난쟁이의 따끈한 숨소리를 들으며 걸었던 이십 리 길이 아직도 눈에 선하다며 그의 어머니는 돌아가시기 전까지 그 시절 이야기를 종종 하셨다. 그도 조금 커서는 어머니와 손을 잡고 걸어서 새벽기도를 다녔다. 비가 오나 눈이 오나 아득한 시골길을 걸어 다니던 새벽기도는 그와 어머니에게 맑은 샘물 같은 존재였다. 생의 고단함으로 갈증난 몸에 떨어지는 깨끗하고 맑은 물.

박무에 잠겨 있는 뿌연 새벽녘 산을 넘고 물을 건너 큰길까지 나가는 동안 하나님의 사랑에 대해 들뜬 목소리로 이야기하시던 어머니의 모습이 지금까지도 생생하다고 김삼환 목사는 이야기했다. 그 길을 함께 걸을 때면 그는 투박한 어머니의 손을 꼭 잡고 고개를 들어 어머니의 얼굴을 바라보았다. 그때의 어머니는 집에서 보던 어머니와 다른 사람 같았다. 더 환하고, 더 밝고, 아름다웠다. 아버지의 술주정에 인상을 쓰고 농사에 지친 어머니는 온데간데없었다. 그는 그런 어머니의 모습을 보며 주님의 자녀로 살아간다는 것의 의미를 어렴풋하게나마 깨달았다.

전쟁이 끝난 뒤, 1955년에 그가 살던 작은 마을에 신당교회가 세워지면서 어머니와의 새벽기도 이십 리 길 데이트가 끝이 났다. 마을에 교회가 생기는 건 정말 기쁜 일이었다. 언제든 달려가 기도할 곳이 있다는 건 어머니에게도 그에게도 행복한 일이었다. 더 열심히 교회에 나갔다.

김삼환 목사가 16살이 되던 해였다. 집안 사정은 조금도 나아지지 않았고 유교적인 사고가 강했던 아버지는 어머니와 그의 신앙생활을 탐탁지 않아 했다. 하지만 교회에 나가면서도 어머니는 일 년에 열 차례가 넘는 제사를 군말 없이 지냈다. 아버지가 화를 내도 어머니와 그는 포기하지 않았다. 그 해에 신당교회 목사님께서 소년 김삼환을 부르셨다. 목사님의 손에는 사발시계가 들려 있었다.

"삼환아, 선물이다. 누구보다 새벽기도를 열심히 다니는 너에게 꼭 주고 싶었다. 앞으로는 이 시계의 도움으로 눈을 떠 새벽종을 쳐보는 건 어떻겠냐?"

사발시계를 건네받고 그는 고개를 끄덕였다. 잠을 쫓으며 새벽종을 치는 게 쉬운 일은 아니겠지만, 처음으로 하나님의 일을 위한 역할이 주어졌다고 생각하니 마음이 설렜다. 잘할 수 있을까 걱정 반 기대 반, 종지기로서의 삶이 시작됐다.

'아버지가 알람소리를 들으면 경을 칠 터인데…….' 노심초사하며 잠이 들었지만 신기하게도 시간이 되니 눈이 떠졌다. 아버지가 깨어날까 봐 옷을 들고 조심스럽게 방을 나와 마당에서 옷을 입고 나갔다. 새 하루를 시작하는 새벽바람의 알싸

하고 싱그러운 향이 콧속으로 쑥 들어가면 정신이 번쩍 났다. 단정하게 옷을 입고 신발을 꿰 차고 교회로 달려가 새벽종을 쳤다. 추운 겨울에는 난로도 지폈다. 종소리가 마을을 넘어 온 세상에 울렸으면 하는 마음으로 힘차게 쳤다.

댕! 댕! 댕!

학교를 졸업할 때까지 그는 성실한 종지기의 생활을 했다. 새벽종은 그의 영역이었다. 처음엔 어린 마음에 임무를 부여받은 것이 기쁘기만 했지만 시간이 지나면서 생각이 깊어졌다. 종을 치는 건 세상을 깨우는 일, 잠든 사람들의 눈을 뜨게 하는 일이었다. 눈을 뜬다는 것은 제대로 바라보는 일이었고, 제대로 본다는 것은 사랑하는 일이었다. 아버지를, 다른 사람들을, 세상을 힘껏 끌어안는 일이었다. 종을 치면서 그는 조금씩 아버지를 사랑하게 되었다.

그에게 아버지는 늘 무서운 존재였다. 화내고 때리고 사랑이 없는 사람이라고 생각했다. 그런 아버지를 사랑하는 건 참 어려운 일이었다. 그러던 어느 날 그는 아버지께 "저는 하나님을 믿으니, 이번 명절부터는 제사에 참여하지 않겠습니다. 또 교회 가는 주일에는 농사일을 도와드릴 수 없습니다."라고 말을 했다가 모진 매를 맞기도 했다. 그는 매를 드는 아버지가 미워서 아버지 돈을 훔쳐 집을 나간 적도 있었다.

하지만 가출을 해 풀빵 장사를 하려던 계획은 사기를 당해 무산되었고, 생선을 떼어다 팔려다가 어머니에게 발각되어 집으로 끌려갔다. 집으로 돌아가는 길 내내 아버지에게 맞을까 벌벌 떨었는데 아버지는 그를 물끄러미 바라보더니 방으로 들어가셨다. 아버지도 사는 게 쉽지 않다는 걸 그 눈빛을 보고 알았던 것일까. 그때부터 그는 주일만 빼고 아버지의 농사를 열심히 도왔다. 강에서 물고기를 잡아다 아버지께 드리기도 했다.

그의 아버지도 친절하고 따뜻한 아버지가 되고 싶었을 것이다. 그가 초등학교에 입학할 때는 없는 살림에 책가방을 사다 주기도 했다. 대개가 보자기를 대충 묶은 책보를 들고 다니던 때였다. 번듯한 책가방을 멘 그를 친구들이 부잣집 아이로 오해하는 일이 생길 정도였다.

그렇게 그는 어린 시절 종을 치면서 사랑을 했다. 그리고 희망을 가졌다. 새벽종을 치고 새벽기도를 드리며 마음과 정신에 활기가 넘쳤다. 새벽기도는 그 시절부터 그에게 습관이 되었다. 가난한 소년의 마음을 부자로 만들어 준 새벽기도는 지금도 변함없는 신앙의 든든한 밑거름이다. 그는 지금까지도 새벽종을 치며 세상의 모든 것을 감싸 안았던 그때의 그 마음으로 살려고 노력한다.

김삼환 목사는 돌이켜 보면 가난은 축복이었다고 말한다. 어린 시절 그를 울게 했던 수많은 결핍들. 그것들로 인해 그는 우는 사람을 안아줄 수 있게 되었다. 어려움에 처한 사람, 고통에 몸부림치는 사람을 만날 때면, 깊은 산골에 태어나 농사꾼 아버지의 아들로 살았던 소년 시절의 자신으로 돌아가는 것일까. 걸친 것 하나 변변치 않은, 눈이 맑은 소년이 그의 마음속에 자꾸 나타나, 울고 있는 사람의 눈물을 닦아줘야 한다고, 손을 잡아줘야 한다고 등을 떠밀기라도 하는 것일까.

나누는 삶을
가슴에 새기다

새벽종을 치며 세상에 이로운 사람이 되겠다고 마음먹었던 소년 김삼환은 신학교에 들어갔다. 신학교에 들어간 그를 볼 때면 어머니의 얼굴에는 기쁨이 가득했다. 당시 신학교는 기숙사 생활을 했었다. 그가 집에 갔다가 기숙사로 돌아올 때면 어머니가 떡을 싸서 가방에 넣어주었다. 콩이며 밤이 들어간 고소한 송편이었다. 밥해 먹을 쌀도 부족한 가난한 농가에서 희고 뽀얀 송편을 만들어 먹는 건 사치였다. 그래도 어머니는 기꺼이 그를 위해 떡을 빚었다. 당신은 한 알도 잡수시지 않고 전부 아들 몫으로 싸면서도, 신학을 공부하는 아들이 대견하고 기특해서 먹지 않아도 배부르다는 말씀만 반복하셨다고 한다.

　기숙사 방은 4인 1실이었는데, 간단한 옷가지들을 넣을 수 있는 사물함이 있었다. 그는 어머니가 싸주신 송편을 사물함 깊숙이 숨겨두었다. 어머니가 한 알도 드시지 않고 주신 귀한 송편이었다. 누구와도 나눠 먹고 싶지 않았다. 아니, 나눠 먹어야 한다는 생각조차 하지 못했다. 같은 방을 쓰는 친구들이 잠이 들면 한 알, 교실에 먼저 올라가면 한 알씩 꺼내 먹었다. 꼭꼭 씹어 먹지도 못하고 잠든 친구들의 뒤척이는 소리라도 들리면 급하게 꿀떡 삼켰다.

　그렇게 그는 송편을 싸간 날은 떡을 숨겨놓고 모두가 잠들기를 기다렸다고 했다. 저들이 얼른 자야 떡을 먹을 수 있는데 왜 저렇게 자지 않고 있나 싶은 생각에 속을 끓이며 말이다. 하지만 24시간을 함께 지내는 친구들 사이에서 몰래 떡을 먹기란 쉬운 일이 아니었고, 송편은 결국 다 쉬어서 버리게 되었다. 나누어 먹었다면 모두가 다 고소하고 달콤한 송편 맛을 보았을 것이고, 친구를 미워할 일도 없었을 것이었다. 그는 그제야 깨달았다. 그리고 그 깨달음은 그를 송두리째 흔들었다. '나누면 너도 살고 나도 산다'는 것을 체득하는 순간이었다. 쉬어 빠진 송편을 쓰레기통에 버리며 그는 평생의 목회의 방향을 잡았다.

'나누자. 나눠야 산다. 같이 나누어 먹는 목회를 하자.'

그는 그렇게 신학교에 다니고 이후 1963년에 고향 근처의 작은 교회에서 목회를 시작했다. 그러나 송편을 버릴 때의 다짐과는 달리, 나눔의 목회를 마음껏 펼칠 수가 없었다. 그는 나누어줄 것이 아무것도 없는 가난뱅이 전도사였던 것이다.

그때 그는 결혼을 해서 가정을 이루고 있었는데, 당시 교회에서 받는 사례는 쌀 두 말과 현금 2천 원이 전부였다. 화폐 가치가 지금과 다른 시절이었다 해도 2천 원으로 한 가족이 한 달을 살기는 어려웠다. 그의 아내는 군말 없이 생활비를 벌겠다며 나섰고, 커다란 바구니에 스테인리스 그릇을 담아 머리에 이고 나가 이른바 '스뎅 장사'를 했다. 시집 오기 전까지 그런 일을 해본 적도 없는 사람이었다. 그릇을 팔아 돈 대신에 마늘이나 고추로 받아오면 전도사인 그가 그것들을 다시 시장에 내다 팔아 생활비를 벌었다.

그는 아내에게는 미안한 말이지만 그때도 아내보다 어려운 이웃들이 눈에 밟혔다고 했다. 나눌 수 있는 건 다 나누려 했고, 몸을 써서 도울 일이 있다면 어디든 달려갔다. 가난했던 그의 단칸방은 늘 손님으로 북적였다. 일을 마치고 돌아온 아내는 퉁퉁 부은 다리로 소박한 밥상을 내오곤 했다. 너도나도 가난했지만 찬이 없는 밥상 앞에서 함께 기도하고 하나님의 말씀을 전하느라 밤이 새는 줄도 몰랐다.

가난은 나눔에 대한 그의 굳은 의지를 털끝만큼도 건드리지 못했다. 오히려 더 단단하게 만들어 주었다. 그러나 그런 그에게도 가난이 통탄스러웠던 날들이 있었다. '이래도 네 생각에 변함이 없느냐?'는 하나님의 시험이었을까. 농촌 교회 전도사 시절 그에게는 어린 딸이 있었다. 아이는 순하고 예뻤다. 가만히 기도를 해주면 새근거리며 잠이 들었다. 그런데 돌이 지날 무렵부터 아이가 기침을 하기 시작했다. 감기약을 먹이고 기침에 좋다는 민간요법을 다 써서 고쳐보려 했지만 1년이 지나도록 기침이 멈추지 않았다. 돈이 없어 선뜻 병원에 가지도 못했던 그는 어깨너머로 배운 침을 놔주면서 딸의 상태가 호전되길 기다렸지만 아이는 점점 나빠지기만 했다.

어느 날 아이가 발작하듯이 기침을 해대기 시작했고, 그는 돈이고 뭐고 아이를 들쳐 업고 안동에 있는 병원으로 달려갔다. 혼비백산하여 병원에 들어서니 의사들이 몰려들었다. 청진을 하고 이런저런 검사를 했다. 그러는 동안에도 아이의 기침은 끊이지 않았다. 아내와 그는 불안한 얼굴로 식은땀을 흘리며 곁에 서 있었다. '하나님 아버지, 간절히 기도드립니다. 아무 일도 일어나지 않도록 도와주세요.' 믿을 곳은 하나님뿐이었다.

의사들이 아이의 작은 팔에서 혈관을 찾아 주사기를 꽂고 수액을 맞혔다. 폐렴과 뇌막염이 같이 왔다고 했다. 항생제를 맞고 약 처방을 하며 기다려보자고 했다. 기다리는 동안 아내와 손을 맞잡고 얼마나 간절히 기도했을까. 기도 소리를 듣고 새근새근 잠을 자던 그의 딸아이는 그러나 사흘 만에 하늘나라로 떠났다. 아이에게서 더 이상 숨소리가 들리지 않았다. 황망할 따름이었다. 차갑게 식은 아이의 몸은 낯설었다.

사흘치 입원비는 7천 원이었다. 가난한 부부에게 그런 큰돈이 있을 리가 없었다. 병원에서는 돈을 내지 않으면 아이를 줄 수 없다고 했다. 지금 당장, 아니 한 달이 지나도 그 큰돈을 마련하긴 어렵다고 솔직하게 말했다. 병원에서는 더 이상의 채근이나 재촉 없이 작디작은 아이의 몸을 내주었다.

그 병원이 바로 성소병원이었다. 지금 명성교회가 운영하고 있는 안동성소병원은 김삼환 목사가 피눈물을 흘리며 첫아이를 하나님께로 보냈던 바로 그곳이다. 차비도 없고 장례비용도 없어 차갑게 식은 작은 아이를 품에 안고 직접 산에 묻어주었던 그때, 슬피 우는 그에게 하나님께서 말씀하시는 듯했다.

'나누어라, 너처럼 돈이 없어 슬픔으로 가족과 헤어지는 사

람이 없도록 해야 한다.'

목숨처럼 소중했던 아이를 잃은 그를 일으켜 세운 것은 다름 아닌 사명이었다. 가난한 사람들, 고통에 몸부림치는 사람들을 외면하지 말라는 하나님의 말씀. 그는 울음을 멈추고 사명을 감당하기 위해 다시 두 팔을 걷어붙이고 목회에 집중했다.

텅 빈 여관방에서
배운 것

병원비가 없어 첫 아이를 제대로 치료해주지도 못한 채 허망하게 보내고, 둘째가 태어났다. 딸이었다. 이미 경기도 광주에 있는 해양교회(지금의 하남 미사 지역)에 담임 전도사로 부임이 예정되어 있던 터라, 아이가 태어나고 몸조리할 시간도 없었다. 김삼환 목사는 기다리고 있는 교인들과의 약속을 미룰 수 없어 둘째가 태어나고 삼칠일도 되기 전에 서울로 올라왔다.

그의 가족은 새로운 곳에서 새롭게 시작해보자는 의지를 가지고 낯선 곳에 자리를 잡았다. 인근의 장로회신학대학에서 공부도 더 할 생각이었다. 공부와 목회를 병행할 생각에 가슴이 조금 부풀기도 했을 것이다. 그러나 시련은 쉽게 그를 놓아주지 않았다. 어느 날 기침이 멈추지 않더니 그 끝에 피가 뭉쳐 나왔다. 결핵이었다. 평소 밥맛이 없고 식은땀이 많이 나는 것이 그저 바빠 사는 탓이라고 생각했지 병에 걸렸을 줄은 몰랐었다. 그는 병명을 듣고 무척 당황스러웠다.

"내가 결핵이라네."

아내에게는 담담하게 전했지만 속으로 '아, 이렇게 죽는구나!' 싶었다고 했다. 그 소식을 들은 그의 아내도 3년 뒤 결핵으로 고생을 했다. 이렇게 병마는 좀처럼 그의 가족에게서 떨어지지 않았다.

병에 걸렸다고 인생을 놓아버릴 수는 없었다. 하나님이 주신 목숨이니 하나님 뜻대로 하실 거라고 믿고 그저 그가 할 일을 열심히 하는 것이 최선이었다. 장신대(장로회신학대학)에도 예정대로 진학하기로 했다. 해양교회 담임을 하면서 자전거로 통학했다. 해양교회는 아침에 새벽예배를 드리고 출근하는 사람들을 위한 공장교회였다. 아침 8시부터 8시 30분까지 예배를 드린 후에야 자전거를 타고 학교로 향할 수 있었다. 엄격한 학풍의 장신대는 1분만 늦어도 지각 처리를 했고 세 번 지각을 하면 1일 결석이었다. 결석일수가 기준을 넘으면 졸업을 못하기 때문에, 그는 늦지 않기 위해 안간힘을 써서 페달을 밟았다. 버스비를 아끼기 위해 자전거를 타고 이동하다 보면 가끔 도로 위에서 위험한 상황이 벌어지기도 했지만 어쩔 수 없었다. 1초도 늦어서는 안 되었다.

결핵은 잘 쉬고 잘 먹어야 낫는 병인데 둘 다 그의 생활과는 거리가 멀었다. 아무리 주사를 맞고 약을 먹어도 낫지 않았다. 그래도 신학을 공부하고 복음을 전파하는 일을 게을리할 수는 없었다. 그것이 그의 역할이었고 존재의 이유였기 때문이다. 나아질 기미도 없는 폐병이 깊어져 가던 어느 날, 그는 목사님들과 내장산에 가게 되었다. 80세가 훌쩍 넘은, 은퇴한 목사님들도 성큼성큼 가는 길을 30대 초반의 그는 백 미터도 가지 못했다. 도저히 산을 오를 엄두가 나지 않았다.

"김 전도사, 그냥 쉬어야겠어. 무리하지 말고 일단 여관에 가서 좀 누워 있어요."

어떻게든 함께 움직이겠다는 그를 목사님들이 만류하여 숙소에서 쉬게 했다. 이것이 마지막인가 하는 불안이 밀려왔다. 그동안 강단에 서면 머리가 빙빙 돌면서 주저앉고 싶은 순간이 여러 번 있었다. 그럴 때마다 강대상을 붙잡고 버티고 또 버텼다. 그런데 이제 도저히 버티기 힘든 순간이 온 것이었다. 그를 제외한 모두가 산행을 떠나고 아무도 없는 텅 빈 숙소에 누워서 그는 생각했다.

'내가 원했던 삶을 살고 있는가?'

어린 시절 그가 가장 좋아했던 건 풀빵이었다. 코끝이 시큰하고 두 뺨이 얼어붙을 듯 바람이 차가워질 때 어머니를 따라 교회 가는 길에 고소하고 달짝지근한 풀빵 냄새가 나면 저절로 걸음이 멈추곤 했다. 너무 먹고 싶어서 교과서를 팔아 사먹기도 하고 가끔 집에서 보리쌀을 가져다 팔아 사먹기도 했다. 나중에 풀빵 장수가 되는 것이 꿈일 정도였다. 그때는 따뜻한 풀빵을 매일 먹을 수 있는 삶이 축복의 삶이라고 생각했던 것이다.

그러나 16살에 그는 고향 교회 목사님으로부터 시계를 선물 받고 교회에서 새벽종을 치면서 새로운 꿈을 꾸게 되었다. 풀빵 장수는 꿈의 목록에서 사라졌다. 그는 그저 교회를 지키는 사람이 되고 싶었다. 교회에 있을 수만 있다면 종지기든 청소부든 어떤 자리든 좋을 것 같았다. 그 꿈이 이루어졌는데! 전도사가 되고 더 깊이 있게 신학을 공부하고 교인들과 만나며 열심히 목회를 하고 있는데 여기서 끝이라니! 꿈을 더 이상 펼치지 못하게 된 것이 원통해서 그는 자꾸 눈물이 났다.

여관방에서 혼자 눈물을 흘리다가 하나님께서 이 순간에도 함께 하실 거라는 생각이 들었다. 정신을 차리고 기도를 시작했다. 기도 중에 찬송가 465장이 생각났다. 그는 텅 빈 여관방에서 마음을 다해 찬송가를 불렀다.

구주와 나 함께 죽었으니 구주와 함께 나 살았도다
영광의 기약이 이르도록 언제나 주만 바라봅니다
언제나 주는 날 사랑하사 언제나 새 생명 주시나니
영광의 기약이 이르도록 언제나 주만 바라봅니다
(통합찬송가 465장 1절)

일행이 산행을 마치고 돌아오는 몇 시간 동안 그는 4절의 '내 몸의 약함을 아시는 주 못 고칠 질병이 아주 없네' 찬송을 반복해서 불렀다. 눈물이 멈추고 기쁨이 차올랐다. 찬송을 다 부르고 나니 힘이 생기는 듯했다. 기적처럼 그날 이후 조금씩 몸이 회복되었다. 한번은 교회 마당의 김칫독을 파내다가 곡괭이에 눈이 찔려 실명 위기에 처하기도 했다. 한쪽 안구가 완전히 빠져나왔던 대형 사고였다. 다행히 후유증만 남기고 실명되지는 않았다.

그는 고난을 겪으며 고통을 알게 되었고, 고통받는 이웃을 외면하지 못하게 되었다. 그는 이것이 하나님이 그에게 주신 가장 큰 축복이라고 말한다. 병마로 고통받는 이웃을 만나면 손을 잡고 하나님께서 당신에게 세상을 더 크게 품을 기회를 주시는 것이라고 위로하며 기도한다. 그에게 고통은 우는 자와 함께 울고 가난한 이들의 손을 잡아 주라는 하나님의 가르침이었다. 누구라도 하나님을 대하듯 섬기는 마음으로 살아가게 하시려는 하나님의 큰 뜻이었다고 그는 지난날을 회상한다.

처음 문을 열던 때를
기억하며

가난한 사람들에게 가장 무서운 건 아마도 '빚'일 것이다. 빚은 순식간에 불어나 모든 것을 집어삼키는 홍수처럼 삶을 무너뜨린다. 그는 가난한 집에서 자라서 집안에 늘 빚이 있었다. 그러나 산골 살림에 빚이 있어봤자 그 규모 역시 산골에 맞는 수준이었다. 궁핍하고 힘들어도 어찌어찌 갚아 나갈 수 있는 정도였지 인생이 송두리째 흔들릴 만한 빚은 아니었다고 했다.

해양교회에서 쫓겨나듯이 나와 명일동에 명성교회를 개척할 수 있었던 건 기적이었다. 그와 함께 하겠다는 믿음직한 교인들이 있었다. 문제는 돈이었다. 좋은 사람들은 가득했으나 수중에 교회를 세울 만한 돈은 없었던 것이다. 해양교회에서 10년간의 목회를 마치고 퇴직금 명목으로 받은 사례비는 100만 원이었고, 그마저도 해양교회의 부채 30만 원을 갚아주고 나니 수중에 남은 돈은 70만 원뿐이었다. 그 70만 원으로 예배드릴 상가 2층을 계약했다. 잔금을 치를 돈도, 집기를 살 여윳돈도 없었다. 그런 사정인데도 무슨 배짱인지 계약 후 일주일 만에 창립예배를 드렸다.

다행히도 그곳은 다른 교회가 들어오려던 자리여서 기본 설비가 얼추 갖추어져 있었다. 그러나 내부 집기는 하나도 없었고, 간판도 달지 못하고 있는 상황이었다. 교인들이 자신의 품을 아끼지 않고 직접 재료를 사서 창문에 교회 이름을 붙였다. 강대상도 손재주 좋은 교인들이 송판을 가지고 직접 짰다. 집기, 장식, 주보 등 교회에 필요한 물건 하나하나를 수작업으로 만들었다. 전문가들이 해야 할 일을 교인들이 대신하고, 미처 다 마무리하지 못한 것은 그가 다시 매만졌다.

그렇게 열악한 상황이었지만 모두들 새 교회에 대한 기대로 힘든 줄도 모르고 준비를 도왔다. 버스 종점이 건너편에 있던 터라 교인들은 대부분 20대의 젊은 청년들이었는데, 바쁜 가운데서도 교회 일에 봉사한다는 것에 보람을 느낀다고 했다. 해양교회가 속해 있던 공장의 핍박에서 벗어나 우리들만의 성전을 직접 만든다는 것에 큰 의미를 두고 모두가 기쁜 마음으로 준비해 나갔다.

회사의 간섭 없이 교인들만의 공간에서 하나님께 예배드릴 수 있게 되었지만, 현실은 그다지 밝지만은 않았다. 임대보증금도 없이 계약금만 건넨 상태에서 들어가 창립예배를 준비한 것이니 모두 일하면서도 조금은 불안한 마음이 있었다. 그 또한 마찬가지였으나 믿고 따라와 준 교인들 앞에서 티를 낼 수는 없었다. 교인 중에 마땅히 상의할 사람도 없어서 그저 하나님께 열심히 기도하며 준비하여 무사히 창립예배를 드리는 일에 집중했다.

1980년 7월 6일 주일 아침, 스물다섯 명의 성도들과 첫 주일예배를 드렸다. 그날 오후에 드린 창립예배에는 백여 명의 내빈들이 참석했고, 많은 축하와 축복을 받았다. 많은 손님을 모실 공간이 없었는데 마침 상가 3층이 비어 있어 주인에게 양해를 구하고 그곳을 빌렸다. 입주가 덜 된 신축상가였기에 가능한 일이었다. 그날 이후 2, 3층을 교회에서 사용하게 되었다. 여전히 잔금은 치르지 못한 상태였다. 처음부터 선선히 양해해주었던 3층 주인은 끝까지 사정을 봐주며 기다려주었다.

그런데 처음엔 점잖게 대응하던 2층의 주인이 점점 채근해 왔다. 성도들이 찾아가 사정을 이야기하고 조금만 시간을 주십사 부탁했지만 소용없었다. 시간이 지날수록 숨 막히는 독촉이 이어졌다. 얼마 후에는 아예 주일날 사람을 교회로 보냈다. 표정이 없는 심부름꾼들이 예배실 뒤에 앉아 지켜보고 있었다. 그는 그럴수록 하나님의 말씀과 기적이 그들에게까지 전달되도록 더 힘 있게 설교했다. 그들은 예배가 끝나도 꿈쩍도 하지 않았다. 서둘러 헌금을 집계하여 잔금의 일부분을 주면 그제야 돌아갔다. 아무래도 안 될 것 같아서 김삼환 목사는 직접 나서기로 했다. 성도들을 더 이상 고통스럽게 할 수는 없었다. 무릎을 꿇고 사정이라도 하겠다는 마음으로 주인집의 초인종을 눌렀다.

그 시각 교회는 난리가 났다. 그의 아내와 여자 성도들이 청소를 하고 있는데 우락부락한 남자들이 들이닥친 것이었다. 남자들은 상가 주인이 보내서 왔는데 당장 돈을 내놓지 않으면 교회 집기를 다 들고 갈 거라며 협박했고, 교회 안에 남아 있던 사람들은 겁먹은 채 긴장하고 있었다. 그가 상가 주인을 설득하던 그 순간이었다. 그는 우리가 어떤 마음으로 교회를 열었는지, 앞으로 우리 교회가 어떻게 하나님의 말씀을 전할 것인지에 대해 상가 주인에게 허심탄회하게 이야기하고 있었다.

"절대로 선생님의 돈을 떼먹지 않을 겁니다. 하나님을 믿는 사람이 그런 파렴치한 일을 해서는 안 되지요. 조금만 시간을 주십시오. 아무것도 없이 시작하느라 이렇게 실례를 끼치지만 조만간 꼭 갚도록 하겠습니다."

진솔하게 전한 그의 말에서 진심을 읽었는지 상가 주인의 표정은 처음과 달리 많이 풀어졌다. 오래 기다릴 수 없으니 최대한 빨리 해결해달라면서 잔금을 얼마간 유예하겠다고 말했다. 이야기를 잘 마치고 나온 그는 공중전화를 찾았다. 교회에서 기다리고 있을 교인들에게 빨리 이 소식을 전하고 싶었다. 전화를 거니 그의 아내가 받았다. 아내는 떨리는 목소리로 사람들이 와서 겁을 주고 있다고 했다. 그는 얼른 전화를 바꾸라고 했다. 상가 주인과 이야기가 잘 됐으니 돌아가시는 게 좋겠다고 부드럽게 말했다. 그 사람들은 전화로 자초지종을 듣고 그제야 교회를 떠났다.

빚으로 인해 어려웠던 경험은 그에게 교회가 나아갈 바를 명확히 해주었다. 지금도 그가 개척한 명성교회는 나눔의 길로 나아가는 데 주저함이 없다. 처음부터 모든 것을 갖추고 아무런 걱정 없이 시작했다면 주변을 살필 생각을 하지 못했을지도 모른다. 모든 것이 당연하다고 생각하면 그 어떤 것도 돌아볼 수 없다. 그러니 시련은 축복이다. 더 단단하게 빛나게 하기 위한 담금질인 것이다. 지금도 그는 오래 전 명성교회 첫 성전의 문을 열던 때를 기억하며 겸손하게 어려운 이들을, 낮은 곳에 있는 이들을 섬긴다.

가장 좋은 삶,
가장 행복한 삶

그는 교인들에게 자주 말한다. "우리 옷 이만하면 됐습니다. 우리들 집도 그만하면 됐습니다. 우리 교회도이 정도면 됐습니다. 이제 우리가 할 일은 돕는 일입니다. 우리는 서로에게 물질만이 아니라 사랑으로, 기도로 용기를 주고 힘을 주는 사람이 되어야 합니다."

나누는 것은 섬기는 일과 짝을 이룬다. 섬기겠다는 마음이 없으면 쉽게 손을 내밀지 않게 되기 때문이다. 한편 섬기고자 하는 사람, 섬기고 싶은 사람만 쫓아다녀서도 안 된다. 진정한 하나님의 자녀로 살아가려면 그 사람이 누구든, 어떤 위치에 있든 섬겨야 한다고 그는 말한다. 내가 받은 은혜가 그 자리에 고여서 썩지 않고 흘러 흘러 모두에게 가 닿을 수 있도록 나누고 또 나눠야 한다고 말이다.

그는 사회가 병드는 것은 나 하나만 잘 살아야겠다는 욕심으로부터 시작된다고 말한다. 개인의 욕심이 고름처럼 부풀어 오르면 그 주위가 다 새카맣게 곪아버리게 된다. 아무리 싱싱한 과일이라고 해도 하나가 곪아버리면 그 주위에 있던 것들도 금방 상하게 되는 것과 같은 이치이다. 다른 사람 때문이라고 손가락질할 게 아니라 혹시 나의 욕심이 세상을 병들게 하는 데 일조하고 있는 건 아닌지 돌아보라고 말한다.

함께 잘 살아야 함께 행복할 수 있다. 사람에게는 네 가지 삶의 방식이 있다. 가장 나쁜 삶은 '나는 살고 남은 죽이는 삶'이다. 내 행복을 위해 다른 사람을 불행하게 하는 삶이다. 가룟 유다의 길을 가는 사람들이 바로 그렇다. 또 하나 나쁜 삶은 '나도 죽고 남도 죽는 삶'이다. 모두가 함께 망해버리는 삶은 결코 하나님이 원하시는 삶이 아니다. 가장 좋은 삶은 '나는 죽고 다른 이들을 살리는 삶'이다. 내가 배고플지언정 다른 사람의 배를 부르게 하고, 내가 죽더라도 다른 이를 살리는 순교자의 삶. 바로 예수님의 삶이 가장 좋은 삶이라고 할 수 있다. 그러나 현실적으로 예수님처럼 자신을 희생해서 다른 사람을 살리는 삶을 기꺼이 살아갈 사람은 많지 않다. 예수님의 삶을 따르는 것은 결코 쉽지 않은 일이다.

그렇다면 그리스도인이라면 현실적으로 어떤 삶을 선택할 수 있을까. 그것이 네 번째의 삶의 방식, 바로 '나도 잘되고 남도 잘되는 삶'이다. 다른 이를 섬기고 나누면서 나도 기쁘게 사는 삶을 산다면 그것만큼 좋은 일이 없을 것이다. 남이 실패하는 것을 바라는 못된 마음, 나는 아무것도 할 수 없다고 포기하는 못난 마음을 버리고 함께 잘살고 함께 기쁜 삶을 살아가도록 해야 한다. 각자 넓게 그물을 펴고 서로를 살려주는 삶을 살아야 한다. 서로가 서로를 섬기고, 나누고, 용서하고 사랑하며 이웃을 살리는 삶이야말로 하나님이 우리에게 원하시는 현실적이고 실천 가능한 삶일 것이다.

만약 김삼환 목사가 부잣집에 태어나 가난을 모르고 살았더라면 어땠을까. 몰래 먹다 쉬어서 버린 송편 맛을 모르고, 한기에 차갑게 식은 풀빵 맛을 모르는 사람이었더라면. 아픈 곳 하나 없이 살았더라면. 자식을 가슴에 묻는 고통을 겪지 않았더라면. 처음부터 교회를 부족한 것 없이 호화롭게 시작했더라면……. 아마 지금의 김삼환 목사는 없었을지도 모른다.

그는 자신처럼 아프고 고통받고 가난한 사람들을 사랑한다. 그들은 아픔의 시간을 이겨내고 나눌 준비를 하는 사람들이기 때문이다. 그들과 나누고 그들을 섬기면, 고통받고 있던 많은 사람들이 자신의 삶을 돌아보고 나아가 이웃의 아픔을 어루만지게 될 거라고 그는 믿었다. 그렇게 나눔과 섬김의 정신이 퍼져나갈 때 이 세상은 조금 더 아름다워지지 않을까? 더 많이 나누고, 더 열심히 봉사하고, 서로 잘난 것 없이 몸과 마음을 낮추어 손을 잡고 나아간다면 어떤 상황에서도 인간은 행복할 수 있지 않을까?

60년 목회를 하는 동안 고난과 아픔에 처한 많은 사람들이 그를 찾아갔다. 하나님께서 그에게 가르쳐주신 섬김과 나눔을 기억하며 그들과 아픔을 함께 했다. 그의 나눔과 섬김의 이야기를 듣고 누군가는 이웃의 손을 잡을 용기를 내었으면 하는 마음으로 이 책을 엮었다. 김삼환 목사와 명성교회가 그동안 해온 일을 자랑하고자 함이 아닌, 지나온 시절을 돌아보며 이웃과 나눌 수 있는 넉넉한 마음을 함께 만들어 보자는 취지이다.

이제, 우리나라에서부터 저 먼 아프리카 땅까지, 기적과도 같았던 수많은 이야기들을 시작한다.

2장

영혼을 살리는 병원, MCM을 세우다

20달러,
나눔의 씨앗

해방 전 태어난 김삼환 목사는 전쟁을 겪은 세대다. 두려움이 밀려오던 공습경보, 포탄 소리, 어른들의 근심 어린 표정, '전쟁'이란 단어에 실린 그 공포를 잊을 수 없다고 했다. 이 땅에서 일어난 이 끔찍한 동족상잔의 비극 속에 다른 나라의 도움으로 우리나라는 기적을 만날 수 있었다. 전쟁이 일어난 지 사흘 만에 UN 파병이 결정됐고 미국, 캐나다, 영국, 네덜란드, 프랑스, 벨기에, 그리스, 룩셈부르크, 튀르키예, 호주, 뉴질랜드, 콜롬비아, 필리핀, 태국, 남아프리카 공화국, 에티오피아 총 16개국의 젊은 청년 수십만 명이 우리나라를 돕기 위해 왔다. 아시아, 아메리카, 오세아니아, 유럽 그리고 아프리카에 이르기까지 모든 대륙의 젊은이들이 아시아 변방에 있는 작은 나라의 평화를 되찾기 위해 자신의 젊음을 바친 것이다. 지금 우리가 누리는 자유와 번영은 그들의 희생과 도움이 있었기에 가능했다. 전쟁을 겪은 그는 늘 그들에게 감사한 마음을 가지고 있었다.

전쟁이 끝난 후 재건에 성공하며 대한민국은 고속 성장을 이루었다. 그는 하나님이 만들어 주신 자유의 세상에서 해야 할 일을 늘 고민했다. 그의 사명이 무엇인지, 처음 작은 상가 건물에 명성교회를 세운 뒤 좀처럼 나아지지 않는 어려운 환경 속에서도 더 널리 복음을 전하기 위해 무엇을 해야 할지 늘 궁리했다. 그에게 가장 먼저 농촌 벽지의 교회들이 떠올랐다. 어릴 적, 종을 치던 교회 같은 작은 시골교회들을 돕고 싶었다. 자신에게처럼 누군가에게 희망이 될 그 교회들이 부디 쓰러지거나 사라지지 않기를 바라는 마음으로 농어촌 선교를 시작했다.

우리나라뿐 아니라 해외 선교도 명성교회가 마땅히 해야 할 일이라고 그는 생각했다. 복음이 전파되지 않은 가난한 나라에 가서 예수님을 전할 계획을 세웠다. 물론 쉽지 않은 일이었다. 주변 사람들은 교회를 좀 더 키운 뒤에 해도 늦지 않다고 충고를 하기도 했다. 그러나 그의 생각은 달랐다. 충분히 가진 뒤에 나누는 것은 나누고자 하는 사람의 자세가 아니었다. 그는 '없는 중에도 이웃을 돕는 것이 진짜 나눔'이라고 생각했다. 머뭇거릴 이유가 없었다.

명성교회 창립 5년째에 본격적인 해외 선교가 시작되었다. 받은 것을 함께 나누며 모두가 조금씩 행복해졌다. '내 주머니 안에 있는 것은 나만의 것이 아니다', '축복은 나 혼자서 받는 것이 아니라 모두가 나누어야 하는 것이다'. 복음 전파와 이웃 사랑은 그렇게 시작됐다. 미국을 시작으로 무슬림의 나라인 파키스탄, 그리고 대륙을 넘어 불모의 땅 에티오피아까지.

그는 그중에서도 에티오피아를 아프리카 선교의 핵심으로 여겼다. 그는 먼 나라의 전쟁에 기꺼이 달려와 준 혈맹의 나라가 가난으로 고통받는 것에 가슴 아파했다. 에티오피아는 1935년 이탈리아의 침공으로 국제연맹에 도움을 요청하였으나 외면당했던 뼈아픈 기억을 가진 나라였다. 한국전쟁에 참전했던 것도 이러한 아픈 기억이 있었기에 다른 나라가 도움을 요청하면 외면하지 않고 자신들의 힘을 나누겠다는 선한 생각에서였다.

에티오피아 군은 한국을 위해 치열하게 전투에 임했다. 253번 싸워 253번 승리했고, 120여 명이 전사하였으며 포로 한 명 발생하지 않았다. 그들의 용맹함과 숭고한 희생을 잊어서는 안 될 것이었다. 에티오피아는 한국전쟁의 포화 속에서 젊음과 생명을 바쳐 우리의 자유를 지켜준 은혜의 나라였다. 그리고 그 사랑은 언제고 누구라도 갚아야만 했다.

명성교회는 1985년 4월, 에티오피아 난민을 위한 금식헌금을 전달했다. 어린이부터 어른까지 온 성도들이 하루 한 끼 금식을 하여 모은 금식헌금은 에티오피아와의 인연의 첫 단추가 되었다. 1991년에는 SIM국제구호선교회에서 파송한 선교사들과 에티오피아 참전용사 몇 분이 잠실야구장에서 열린 명성교회 추수감사절 예배에 참석하였다. 이 만남을 계기로 1993년 여름, 김삼환 목사는 드디어 아프리카 선교대회로 에티오피아를 방문하게 되었다. 그는 그리운 형제를 만나러 가는 심정으로 에티오피아로 향했다. 기원전 1천 년, 솔로몬 왕을 만났던 시바 여왕의 후손인 메넬리크 1세가 세운 나라, 아주 오래전부터 여호와 하나님을 이미 알고 있었던 그 축복의 나라를 드디어 만나게 된 것이었다.

몇 차례의 경유를 거쳐 아디스아바바 볼레 국제공항에 도착했다. 긴 비행을 마치고 공항에 도착하자 선교사들이 그의 일행을 기다리고 있었다. 모든 것이 낯선 땅에서 복음을 전하느라 새카맣게 그을린 얼굴들. 내전으로 인해 불안정한 에티오피아에서 하나님의 말씀을 전하기 위해 열심히 일하는 고마운 사람들이었다.

"목사님, 오시느라 고생 많으셨습니다."

"고생은 선교사님들이 더 많이 하시지요. 생각보다 날씨가 쾌청하네요."

"아디스아바바가 해발 약 2,500m 고원에 세워진 도시라 생각만큼 덥지 않습니다."

"그렇군요. 다행입니다."

오랜만에 만나 인사를 나눈 그들은 첫 번째 목적지인 한국전쟁 참전용사 마을로 향했다. 참전용사 마을은 공항과 그리 멀지 않은 곳에 있다고 했다.

"예카라는 곳인데 차로 30분 정도면 갑니다. 시내에서 동쪽으로 조금 벗어난 지역이에요."

차가 예카를 향해 움직였다. 차 안에서 바라본 아디스아바바는 생각했던 것보다 현대적이었다. 한때 이탈리아가 점령했던 도시라 그런지 유럽풍 건축과 상징물들이 눈에 띄었다. 아디스아바바는 아프리카 대륙 안에서도 꽤 큰 규모의 국제도시였다. 잘 닦인 길과 우뚝한 건물들이 도시의 규모를 짐작하게 했다. 아프리카 대륙이라 얼룩말이 뛰노는 세렝게티와 같은 풍경을 상상했는데 여느 현대 도시와 다르지 않은 풍경이 펼쳐졌다.

 UN 회원국으로서 1950년 한국전쟁에 참여할 때의 에티오피아는 우리와 비교할 수 없을 정도로 잘사는 나라였다. 당시 하일레 셀라시에 에티오피아 황제는 군대를 보내며 '혼돈에서 질서를 확립하다', '격파하다'라는 뜻의 암하라어, '강뉴 Kagnew'라는 이름을 하사했다. 강뉴 부대는 그 이름답게 전투에서 적들을 격파해 나갔다. 강원도의 강추위를 견디며 누구보다 용맹하게 전투에 임했던 강뉴 부대원들은 "이길 때까지 싸워라. 아니면 죽을 때까지 싸워라"는 황제의 명령을 충실히 지켰다. 그뿐만 아니라 '보화원'이라는 보육원을 만들어서 전쟁고아들을 돌보기도 했다. '강뉴'의 뜻처럼 혼돈의 한국에서 질서를 찾는 노력까지 더한 것이었다.

 당시 나라의 위상을 높이며 전쟁을 마치고 돌아온 참전용사들에게 황제는 땅을 하사했다고 한다. 마침내 돌아온 고국에서 그들은 환대받았고, '한국촌'이라는 아늑한 보금자리에 모여 살게 되었다. 용맹한 강뉴 부대원들을 만날 생각에 김삼환 목사는 가슴이 두근거렸다. 그런데 큰길을 따라 달리던 자동차가 속도를 줄이며 좁은 길로 접어들자 분위기가 좀 이상했다. 탄식이 새어 나왔다. 그는 하나님을 찾았다. "주여⋯⋯!"
 그곳은 지금까지 보았던 아디스아바바의 풍경과는 전혀

다른 모습이었다. 헐벗고 굶주린 형제와 같은 모습의 마을이었다. 좁은 골목에 죽 늘어선 쓰러져 가는 판잣집, 삭아 있는 지붕, 덜렁거리는 문짝 등 성한 것이 없었다. 사람이 살기에 너무도 열악했다. 어떻게 이렇게 시내와는 다른 풍경일 수 있을까, 우리나라에 평화를 선사한 이들이 왜 이런 환경에서 지내야 하나, 그는 통탄스러웠다.

"공을 세우고 돌아와 영웅으로 불리던 사람들이었는데, 1974년 에티오피아가 공산화되면서 동맹국인 북한을 상대로 싸웠다는 이유로 일터에서 쫓겨나고 온갖 핍박을 받았습니다. 공산정권이 유지되는 17년 동안 핍박이 계속됐죠. 하루 아침에 참전용사라는 사실만으로 죄인이 된 거예요. 숨어 살다시피 해야 했으니, 먹고 살기가 쉽지 않았죠. 참전용사의 자손들은 제대로 교육받을 기회도 없었어요. 여전히 그 가난이 계속 이어지고 있고요."

참전용사 마을을 찾기 전 선교사에게 대략의 사정을 전해 들었지만 그 정도일 줄은 몰랐다. 그렇게 취급받아서는 안 되는 사람들이었다. 섬김 받아 마땅한 이들이었다. 김삼환 목사는 이들을 도울 방법이 없을까, 당장 주머니에 있는 무엇이라도 꺼내어 놓고 싶었다. 함께 간 장로에게 방법이 없겠느냐고 물었으나 뾰족한 대안이 나오지 않았다. 선교대회를 앞두고 당장 할 수 있는 것이 없었다. 그는 현지 체류비에서 아낄 수 있는 부분이 있을지 궁리했다. 식사비, 교통비를 제외하고 가장 많이 나가는 비용이 숙박비였다.

"집회 기간 동안 우리가 묵을 호텔 비용이 어떻게 됩니까?"

"하루에 450불입니다."

안전을 생각해 잡은 호텔이었다.

"당장 저렴한 숙소를 알아보세요. 여관방도 좋습니다. 아낄 수 있는 건 최대한 아껴서 참전용사들을 도웁시다."

그가 갑자기 건넨 제안에 모두 당황했지만 워낙 강경하게 말하니 다들 서둘러 숙소를 알아봤다.

"목사님, 하룻밤에 20달러짜리 숙소가 있습니다. 다만 조금 문제가 있어요. 시설도 시설이지만 현지인들이 가는 숙소라 치안이 불안정하여 위험할 수도 있다고 합니다. 괜찮으실까요?"

"집회 기간 동안 잠깐 머무는 것인데 괜찮습니다. 그보다는 열악한 환경에서 살고 있는 참전용사들을 먼저 생각해야지요."

숙박비를 비롯하여 여타의 비용을 절감하니 3만 달러 정도가 모였다. 며칠 뒤 에티오피아의 타미라트 라이네 수상을 방문하였을 때, 그 3만 달러를 한국촌 참전용사 마을의 지역

개발기금으로 전달했다. 타미라트 수상은 크게 감동받았다. 지금까지 에티오피아를 도우러 온 사람들은 많았지만, 그 자리에서 자기 주머니에 있던 것까지 다 털어서 준 사람들은 없었다고 했다. 호텔비를 아껴서 돈을 주다니, 당신들이야말로 진정으로 우리를 생각하는 사람들이라고 연신 감사의 인사를 전했다.

고난과 좌절 속에서
지켜낸 약속

작은 나눔은 에티오피아에 큰 뉴스가 되었다. 이후 멜레스 제나위 총리와 면담 자리가 마련되었다. 멜레스 총리는 에티오피아의 공산정권이 붕괴된 후 초대 총리로 선출된 사람이었다. 카리스마 넘치는 정치 지도자인 그는 한국에 대한 관심이 지극했고, 한국의 새마을운동을 모델로 삼아 개발정책을 펼쳐나갈 것이라고 했다. 김삼환 목사 일행이 현지 체류 비용을 아끼고 모아 한국참전용사 마을 재건비용으로 기부했다는 사실을 듣고 선의에 감사를 표했다.

"정말 감사합니다. 목사님을 비롯한 명성교회의 마음을 잊지 않겠습니다."

한국의 경제 발전에 대한 이야기를 이어나가던 멜레스 총리는 에티오피아에 가장 필요한 것이 병원이라고 했다.

"김 목사님, 에티오피아의 가장 큰 문제가 뭔지 아십니까? 병원이 부족하다는 겁니다. 오랜 내전으로 의료 환경 자체가 아주 열악합니다. 병원 수는 물론 의료진 수도 턱없이 부족하지요. 명성교회에서 병원을 세워주실 수 있을까요?"

총리와의 면담에서 에티오피아의 속사정을 듣고 난 후부터 김삼환 목사는 의료선교에 대한 구상을 시작했다. 사람을 살리는 것, 좋은 환경에서 진료를 받고, 죽지 않아도 되는 질병으로 죽는 사람이 더 이상 나오지 않게 하는 것이야말로 하나님께서 원하시는 일이 아닐까 생각했다.

한국으로 돌아온 이듬해인 1994년 에티오피아 교회 지도자 및 SIM국제선교회 지도자 7명과 프랭크 국제선교회장을 교회로 초청했다. 에티오피아를 비롯한 아프리카 교계 지도자들은 명성교회의 선교 집회를 보고 큰 감명을 받았다고 했다. 명성교회의 새벽기도에 대해 감탄하면서 한국교회의 열심을 배우고 싶어 했다. 그리고 같은 해에 에티오피아 대통령과 김영삼 대통령, 두 국가원수 간의 회담이 이루어졌다. 에티오피아와 명성교회의 인연에 대해서 들은 김영삼 대통령은 김삼환 목사에게 에티오피아 병원 건립을 정식으로 의뢰

했다. 국가 간 합의가 된 것이었다.

처음 에티오피아에서 멜레스 총리에게 에티오피아의 열악한 의료 환경에 대해 들었을 때부터 그가 생각해 왔던 일이었다. 그러나 그 당시에는 병원을 짓는 데 도움을 주겠다는 말을 그는 선뜻 하지 못했다. 우리나라도 아닌 먼 대륙 아프리카의 에티오피아에, 교회도 아닌 병원을 짓는 것이 가능한 일일까 싶었다. 병원을 짓는다는 건 엄청난 액수의 돈이 필요한 일이었고, 병원이 세워지더라도 추후 인력을 제대로 공급할 수 있을지도 불투명했다. 긍정적인 답변을 바라는 멜레스 총리의 눈이 반짝였으나 엄두가 나지 않아 그 자리에서는 바로 대답을 하지 못했다.

에티오피아 선교 집회 일정을 마치고 한국에 도착해 교회로 돌아오는 길에 자꾸 병원이 그의 눈에 띄었다. 건물마다 무슨 무슨 의원, 병원들이 가득했다. 명성교회 근처에 있는 대형 종합병원에도 차들이 쉴 새 없이 들어가고 있었다. 그때 하나님께서 말씀하시는 듯했다.

"이것은 너희에게 내리는 특별한 사명이다."

그날부터 섬기는 마음으로 그들을 도와야 한다는 마음 속 울림이 계속 들려왔다. 더이상 외면할 수 없었다.

병원 건립을 약속하고 1996년 5월 현지법인을 설립했다.

법인 설립 후 종합병원이 지어지기 이전에 당장 도울 수 있는 일들을 찾아보았다. 알아보니 변변한 의료 혜택을 받지 못하는 참전용사들을 돌보는 일이 시급했다. 우선 병원이 들어서게 될 땅에 컨테이너 몇 개를 가져다 놓고 참전용사들을 위해 '강뉴 클리닉'을 열었다. 강뉴 클리닉은 많은 참전용사와 그의 가족들이 건강한 삶으로 나아갈 수 있는 든든한 장소였다. 생존해 있는 참전용사, 먼저 세상을 떠난 참전용사의 가족, 코리안빌리지(한국촌) 학교의 교직원 등을 대상으로 무료로 진료했다. 그렇게 한걸음씩 에티오피아에서의 여정이 시작되었다.

1997년 1월, 에티오피아 정부는 명성교회에 병원 부지를 무상 임대 형식으로 제공하기로 결정했다. 아디스아바바 시청에서 약 7km 떨어진, 국제공항이 들어선다는 신개발지역에 위치한 2만 7천여 평의 큰 규모의 대지였다. 엄청난 일이었다. 그러나 병원은 2004년이 되어서야 비로소 개원할 수 있었다. 장장 10년간의 여정이었다.

에티오피아 정부로부터 땅을 무상으로 제공받기로 했던 그 해 1997년은 우리나라 사람이라면 모두 기억하는 IMF 외환위기의 고통이 시작된 해였다. 어느 누구도 예상하지 못했던 상황이었다. 매일 크고 작은 기업들이 무너졌고 국가신용 등급도 추락했다. 대량 해고와 경기침체로 온 국민이 큰 어려움에 처하게 됐다. 집을 잃고 가족이 뿔뿔이 흩어지는 안타까운 일들이 여기저기 벌어졌다. 교회의 재정도 당연히 어려워졌다. 에티오피아 병원 프로젝트 역시 모두 멈추게 되었다. 그는 일단 교인들을 돌보며 상황을 지켜볼 수밖에 없었다.

대한민국의 경제는 다시 일어나지 못할 것이라는 국제사회의 부정적인 전망도 있었지만 우리나라는 빠르게 재기했다. 그 어느 나라에도 유례가 없던 금모으기 운동에 명성교회도 동참했고 금융개혁과 경제개혁에 모두가 힘을 합쳤다. 한 번의 넘어짐이 있었기에 더 튼튼한 기초를 만들어 새로운 집을 올릴 수 있었다.

병원 기공식은 미루어졌지만 국내 상황을 수습하는 동안 계획을 구체화해 나갔다. 1998년 멜레스 총리가 다시 한국을 방문했다. 총리는 병원을 짓겠다는 약속이 지켜지지 않는다며 은근히 압박을 해왔다. 김삼환 목사는 반드시 약속을 지킬 것이라고 그를 안심시켰다.

일단 계획을 더 다듬어 2000년에 실행에 옮기기로 했다. 경제적인 부담 등을 이유로 병상을 50병상 정도로 축소하는 방안이 나왔다. 현실적인 제안이었다. 50병상 정도면 큰 부담

없이 시작할 수 있을 것이었다. 그는 어떤 길이 옳은 길일까, 선택을 앞두고 하나님께 물었다. 무엇이 당신 보시기에 흐뭇한 결정이겠느냐고. 현실이 아닌, 하나님께서 원하시는 것을 생각하니 답이 나왔다. 애초에 그가 에티오피아에 병원을 짓겠다고 했던 것은, 충분히 나을 수 있는 병인데도 변변한 병원이 없어 죽어가며 고통 받는 사람들을 돕기 위해서였다. 그렇다면 제대로 규모를 갖추어 더 많은 사람이 혜택을 볼 수 있도록 하는 것이 옳다고 그는 생각했다.

전문가들과의 협의 끝에 148개 병상으로 규모를 확정하고 2001년에 드디어 병원 기공식 예배를 드렸다. 기공식을 하고 건물이 올라가기까지도 무수한 어려움이 있었다. 하나를 해결하면 또 다른 문제가 나타나곤 했다. 예상은 했지만 현지 상황은 녹록치 않았다. 에티오피아에 단 하나 있는 시멘트 공장에서 제때 시멘트를 공급받는 것조차 쉽지 않았다. 공익사업이라 우선권을 받았음에도 한두 달씩 기다리기도 했다. 에티오피아에 진출해 있던 우리나라 건설사 경남기업에 시멘트를 빌려 쓰고 나중에 갚은 일도 있었다. 그때의 어려움은 말로 다 할 수 없었다고 김삼환 목사는 회상한다. 다만 기억해야 할 것은 쉽지 않은 상황에서도 하나님께서 꼭 필요한 때에 필요한 사람을 보내주셨고, 그런 기적들이 모여서 병원이 완공되었다는 사실이라고 그는 말한다.

병원을 세우면서 IMF 외환위기라는 큰 산을 만나, 많은 사람들이 좌절하고 절망했다. 에티오피아 의료선교가 이대로 시작도 못하고 끝나는 건 아닐까 하는 걱정에 잠 못 이루는 사람들이 많았다. 우리가 꾸었던 꿈, 한국전쟁 참전국인 에티오피아 사람들이 건강한 삶을 이루도록 도와주고 복음을 전하는 것, 하나님의 자녀로 선한 일을 하겠다는 꿈이 영영 펼쳐지지 못할 수도 있었다.

한편 에티오피아에 병원을 세우는 일에 반대하는 사람들도 생겨났다. 교회 안에도 많은 교인들이 IMF 외환위기로 어려움을 겪고 있는데 지금 아프리카에 투자를 할 때가 아니라는 것이었다. 에티오피아 병원 부지를 바로 이웃해 있는 대학에 팔고 손을 떼자는 이야기까지 나왔다. 그때 그는 교인들에게 이렇게 말했다.

"모든 그리스도인에게는 하나님이 맡겨주신, 감당해야 할 몫이 있습니다. 교회도 마찬가지입니다. 이 에티오피아 병원 사역은 하나님께서 우리 명성교회에 맡겨주신 몫이니, 어렵더라도 끝까지 우리가 감당해야 합니다."

에티오피아에 병원을 세우기까지 김삼환 목사와 명성교

회 교인들의 셀 수 없는 기도와 눈물, 많은 재정이 들어갔다. 국가로부터 정식 의뢰를 받았지만 지원은 받지 못하며 때론 포기하고 싶은 순간도 있었다. 그러나 기적을 거듭하며 MCMMyungsung Christian Medical center, 명성기독병원이 세워졌다. 인간의 힘으로는 버거웠을 일이지만 하나님께서 사명을 완수할 수 있도록 힘을 주셨다.

모든 과정이 하나님의 은혜였다. 또한 에티오피아를 사랑하는 많은 사람들의 노력과 헌신이 있었다. 한국의 안락한 생활을 뒤로하고 머나먼 아프리카 대륙으로 간 의료진과 그의 가족들, MCM을 믿고 함께해 준 세계 각국에서 온 의료진들이 있었다. 무엇보다도 병원의 모든 일들을 적재적소에서 살피고 있는 봉사자들의 눈물과 헌신이 있었기에 지금의 MCM이 존재한다.

에티오피아를 사랑했던 그들은 함께 기도하고 예배드리고 하나님의 지혜를 구하면서 기꺼이 하나님의 종이 되어 지금도 MCM이 단순한 병원이 아니라 선교지라는 생각으로 일을 하고 있다. 인터넷도 잘 되지 않는 열악한 환경 속에서 불평 하나 없이 묵묵히 일하는 사람들은 하나같이 에티오피아 사람들을 섬기고 자신의 달란트를 나누는 일이 행복하다고 말한다.

"우리는 매일 하나님의 기적을 만납니다. 이런 기회를 주신 명성교회와 목사님께 감사할 따름이에요."

평생 병원은커녕 의사를 한번도 만나지 못했던 사람들을 진료하고 치료하면서 오히려 큰 기쁨과 보람을 느꼈다는 것이다. 자신이 가진 것을 이웃을 섬기는 데 쓰는 것, 그것을 행복으로 여기는 것 자체가 요즘 같은 물질만능의 시대에 기적이 아닐까.

한 의사는 크리스천 의사로서 다양한 국가들을 다니며 의료봉사를 하다가 아프리카 유일의 기독교병원인 MCM을 알게 되어 흔쾌히 합류했다. 보수도 받지 않았다. 은퇴 후 일할 기회가 생겼다는 것만으로도 행복하다고 했다. 그 분은 환자가 찾아오면 기도를 해주면서 성심성의껏 치료하는데, 이에 감명 받은 환자들이 기독교로 개종하기도 한다며 껄껄 웃었다. 병원에 와서 병도 고치고 하나님도 만나게 됐으니 기적이 따로 없다며, 이런 일이 심심치 않게 일어나는 곳이 에티오피아라고 말했다. 그래서 에티오피아를 사랑할 수밖에 없다고도 했다.

사실 에티오피아에서 일을 한다는 것은 결코 쉬운 일이 아니다. 병원 건축을 할 때에는 건축 자재들이 자주 없어지곤 했다. 철근이 사라진 적도 있었고, 뜯지도 않은 의료장비는 물론이며, 하다못해 못 하나조차도 뽑아가는 사람들이 있었다. 관료주의가 강한 국가이다 보니 행정 절차도 만만치 않았다. 이 나라를 사랑하는 마음으로 왔는데, 크고 작은 사건이 반복되니 실망하는 봉사자들도 있었다. 김삼환 목사는 그럴 때마다 봉사자들에게 이렇게 말했다.

"우리나라도 과거에는 다 그랬습니다. 우리나라 사람들도 외국에서 온 선교사들 다 벗겨 먹고 그랬지요. 그래도 선교사님들의 인내와 사랑, 희생으로 우리나라가 여기까지 오게 된 것 아니겠습니까?"

그는 선교병원이라고 해서 적당히 '좋은 게 좋은 거다'는 식으로 MCM을 운영한 적이 없다. 대충 병원 모양새만 갖추고 일단 열면 된다는 생각도 하지 않았다. 의료진은 물론, 건물도 장비도 모든 것을 최고로, 최신으로, 가장 좋은 것으로 하도록 했다. 그래야만 다른 병원들이 MCM으로부터 좋은 자극을 받을 수 있고, 그 결과 에티오피아 의료 전반의 수준을 끌어올릴 수 있다고 생각했기 때문이다. 본 게 있어야 따라할 수도 있다. 에티오피아 최초로 컴퓨터단층촬영CT을 도입한 병원이 MCM이다. 그동안 CT는 엄두도 내지 못하던 다른 종합병원들이 MCM을 보고 CT를 앞다투어 도입한 것이 한 예이다.

에티오피아 현지인 의사와 간호사들을 한국으로 불러서 연수를 하기도 했다. 처음에는 명성교회 교인들이 의료진으로 있는 병원에서 복강경 수술이라든가 간호 행정, 수술실 간호사 직무 등을 가르쳤다. 나중에는 국내 탑 의료기관인 아산병원, 성모병원 등에 협조를 요청해 1년간 정식으로 연수를 받을 수 있게 하였다. 그렇게 해서 에티오피아에 처음으로 '세부 전문의'가 생겨났다. 이 모든 것은 에티오피아를 사랑하는 교인들과 의료진, 봉사자들이 있기에 가능했다.

김삼환 목사와 명성교회가 먼 아프리카 대륙에 병원을 세운 것은 이러한 작은 변화들로 기적을 만들기 위함이었다. 할 수 있는 최선을 다해 그곳을 살 만한 곳으로 만들어 주는 것. 더 이상 그 나라의 두뇌집단이 해외로 유출되지 않고, 자국민을 위해 일하는 나라가 되는 것. 나아가 예수님을 모르던 사람들이 복음을 알게 되고 천국 백성이 되는 것. 에티오피아를 사랑하는 사람들이 있기에 MCM은 계속 성장할 것이다.

'꼬레아
호스삐딸'

2004년 병원 개원을 앞두고 있을 때였다. 김삼환 목사는 교인들과 함께 에티오피아를 방문했다. 11월의 에티오피아는 아프리카임에도 제법 쌀쌀했다. 아디스아바바 공항에 병원 건축을 총괄하고 있는 문 장로가 나와 있었다. 수척한 그의 모습이 타지에서 얼마나 고생하며 일하는지를 말해주고 있었다.

"고생이 많죠. 수고하셨습니다."

"사흘 뒤가 개원 날인데 아직 공사가 끝나지 않았습니다. 그때까지 잘 마무리가 되어야 할 텐데요."

작게 한숨을 쉬는 그의 표정에 고단함이 묻어났다.

"괜찮습니다. 잘 마무리 될 거예요. 일단 가서 봅시다."

정비도 안 된 진입로를 지나 현장에 들어가니, 건물 안은 아직 설비 시스템을 만지는 중이라 정신들이 없었다. 전깃줄이 길게 나와 있고 배관 파이프가 그대로 드러난 채였다. 한국에서 보낸 의료 장비들은 포장재도 뜯지 못한 채 놓여 있었다. 동행했던 3성 장군 출신인 박 장로의 지시에 따라 김 목사 일행은 팔을 걷어붙이고 현장을 도와 장비 세팅을 시작했다. 문 장로는 천군만마의 지원군이 와준 것 같다며 기뻐했다.

사흘 동안 그들은 한마음이 되어 움직였고, 무사히 개원예배를 드릴 수 있었다. 세찬 바람이 부는 에티오피아의 MCM 병원 앞뜰에서 교인들과 에티오피아 현지인들, 한국전쟁 참전용사와 그 가족, 에티오피아 정부 관계자와 미주지역을 비롯한 외국 교계 지도자들, 각국 외교관 등의 귀빈이 모여 행사를 시작했다. 개원예배에서 김삼환 목사는 이렇게 설교했다.

"지금의 에티오피아는 과거 한국의 모습과 같습니다. 한국이 6·25 전쟁 이후 폐허가 되어버린 잿더미에서 일어나 지금처럼 성장한 것은 하나님의 은혜입니다. 복음을 가지고 한국에 들어오신 언더우드와 아펜젤러 선교사님이 세브란스병원을 세워 죽어가는 많은 사람들의 영과 육을 치료해 주었던 것처럼 지금 이곳 에티오피아를 사랑하시는 하나님께서 MCM

을 통해 그 귀한 역사를 이루어 가실 것입니다."

산을 넘으면 다시 커다란 산이 눈앞에 솟아 있는 역경의 시간이었지만 누구 한 사람 개인의 영달이 아닌, 모두의 열매였기에 여기까지 올 수 있었다. 병원 설립을 위해 애썼던 모든 이들, 삽을 들고 기초를 다졌던 건설 기술자들과 현장을 진두지휘했던 리더들, 한국과 에티오피아라는 물리적 거리에도 아랑곳 않고 양쪽을 오가며 일을 진행한 담당자들 모두가 같은 생각이었다.

첫 삽을 뜰 당시의 에티오피아 현장 환경은 단순히 땅을 다져서 건물만 올리면 되는 상황이 아니었다. 공사 차량이 드나들기 위한 도로부터 재정비해야 하는, 정말이지 아무것도 없는 맨땅에서 시작해야만 했다. 돌 한 개, 물 한 동이가 귀하고 귀했다. 게다가 통신 시설이 낙후되어 있어 한국과의 소통도 어려웠다. 느리게나마 겨우 연결되던 통신은 우기가 되면 먹통이 되기도 했다. 그로 인해 현지와의 의사소통이 늦어졌고 공사 진행도 더딜 수밖에 없었다. 또한 건축에 필요한 자재를 현지에서 구할 수가 없어서 거의 모든 자재를 우리나라에서 구입해 보냈다. 전기 및 설비 공사를 위한 기술자들도 한국에서 파견해야 했다. 환자 진료를 위한 모든 의료 장비, 책상이나 의자를 비롯한 병원 집기들은 물론이고 간호사 신발, 하다못해 식당에서 쓸 수저까지도 모두 한국에서 보내야 했다. 의료 장비와 집기류 등을 설치하기 위한 기술자들도 수십 명이 파견되었다. 이렇게 현지로 보낸 물품들이 컨테이너로 10개가 넘었다. 내륙국가인 에티오피아는 바다에 항구를 가지고 있지 않아 운송하는 데에 들어가는 시간과 비용도 만만치 않았다.

진행 과정에 어려움이 많았지만 좋은 일도 있었다. 먼 곳까지 와서 병원을 짓겠다는 외국인들을 의심의 눈으로 바라보던 에티오피아 사람들이 마음의 문을 열어 준 것이다. 처음에 그들은 낯선 피부색의 사람들을 가만히 지켜보고만 있었다. 크게 방해하지도 않았지만 적극적으로 돕지도 않았다. 경계를 늦추지 않는 초원 위의 야생동물처럼 멀리 떨어진 곳에서 우리의 움직임을 바라볼 뿐이었다. 시간이 지나면서 진심이 통했던 것일까. 그들도 마음을 열기 시작했다. 땅을 빼앗고 돈을 벌려고 온 사람들이 아니라, 의술과 사랑을 나누고 헌신하는 사람들이라는 것을 믿게 되었다. 믿음은 항상 사랑이라는 결과를 가져온다. 우리를 신뢰하게 된 후로는 현지인들이 발 벗고 나서서 공사 진행을 도왔다.

개원 이후 MCM은 에티오피아 내에서 신뢰받는 의료기

관으로 성장하고 있다. 특히 에티오피아 주재 외교관들이 가장 선호하는 병원이 되었다. 에티오피아는 아프리카연합AU 본부가 있는 아디스아바바에 약 120개의 외국 공관을 유치하고 있다. 아프리카 대륙의 허브인 이 도시에서, 수많은 외교관들에게 믿을 만한 현지 의료기관의 존재여부는 매우 중요한 문제이다. 참전용사들을 보내 우리나라를 도와준 것에 대한 감사로 시작한 일이 에티오피아 현지인들, 나아가 에티오피아 및 주변국에 사는 수많은 외국인들의 삶에 좋은 영향을 주게 되었다. 작은 나비의 날갯짓이 커다란 태풍을 몰고 오듯, 나눔은 이처럼 가늠할 수 없는 선한 영향력으로 퍼져 나가는 것이다.

MCM을 시작할 당시 에티오피아에는 의사가 약 4천 명밖에 없었다. 그 사이에 숫자가 많이 늘어 현재는 1만 명 가까이 되지만, 에티오피아 인구가 약 1억 명인 것을 생각하면 인구 만 명당 의사 1명인 셈이다. 우리나라의 경우 의사가 인구 500명당 1명인 것에 비하면 턱없이 적은 숫자였다. 그나마도 의사들의 80%는 대도시에 몰려 있는 반면, 에티오피아 인구는 80%가 도시가 아닌 곳에 분포되어 있다. 시골에서는 의사 1명당 인구가 몇 십만 명이나 된다는 말이다. 현지인들은 평생 동안 의사를 한 번도 만나보지도 못하는 경우가 허다했다.

그나마 있는 병원들도 의약품이 부족하고 의료기기가 낙후되어 있었다.

처음 병원 문을 열었을 때 주로 오는 사람들은 현지 외교관, 고위 관료, 부유층 환자들이었다. 서민들에게는 여전히 병원 문턱이 높았던 것이다. 김삼환 목사는 병원을 찾아오는 환자들을 가만히 기다리고만 있을 것이 아니라, 병원에 올 수 없는 사람들도 의료 혜택을 받을 수 있는 방법을 고민하자고 제안했다. 무료 이동진료소 '모바일 클리닉'이 그렇게 시작된 것이다. 의사와 간호사들, 그리고 선교사들이 함께 무료 이동진료를 다니며 수많은 이들의 건강을 살피고 목숨을 구했다. 에티오피아의 시골은 물도, 전기도 없는 곳이 대부분인데, 그런 곳을 다니며 위험과 불편을 감수하고 오직 하나님의 사랑을 전하기 위해 의료 활동을 펼쳐 온 것이다.

그렇게 2010년까지 매년 10만 5천여 명의 환자를 진료하면서 MCM은 다음 단계를 고민했다. 병원을 세우고 이동진료를 다니며 많은 이들에게 의료 혜택을 주는 것도 중요하지만, 근본적인 문제를 해결하는 데에는 분명 한계가 있었다. 현지 의료진을 키워 에티오피아의 의료 자립을 이루어 내는 것이 중요했다.

그리하여 2012년 명성의과대학MMC을 세우게 되었고,

2018년부터 매년 졸업생을 배출하고 있다. 에티오피아에도 의과대학이 많이 있지만 우수한 학생들이 미국 같은 선진국으로 나가서 돌아오지 않는 경우가 많았다. 에티오피아는 국가적으로 두뇌집단 유출이라는 심각한 문제를 겪고 있었던 것이다. MMC는 자국의 발전을 위해 헌신하고 봉사하여 국가의 리더가 될 의료인들을 양성하고자 했다. 이는 기독교 정신에서 출발해야 했다. 그리하여 '기독교 세계관', '의료윤리', '서번트리더십Servant leadership', 이 세 가지를 필수 교양과목으로 이수하게 했다. 지혜의 왕 솔로몬의 후예인 에티오피아 학생들은 총명하다. 이 총명한 학생들이 기독교 정신을 가지고 좋은 환경에서 자신의 실력을 마음껏 발휘하며 자신의 능력을 사람을 살리는 일에 쓸 수 있도록 돕는 것이 우리의 사명이다.

　MCM은 꾸준히 성장하고 있다. 현재 의사 100여 명과 간호사 240여 명이 연간 25만 명의 환자를 진료하는 대형병원으로 자리를 잡았다. 뿐만 아니라 병원에 이어 명성의과대학에서도 인재를 길러내고 있다. 6·25 전쟁 참전용사의 후손들 중에 명성의과대학에서 의학공부를 이어가는 학생들도 생겼다.

전 세계를 멈추게 했던 코로나19 시기에도 MCM은 성장을 멈추지 않았다. 2020년에는 에티오피아 의사회 컨퍼런스에서 '에티오피아 최우수병원'으로 선정되었고, 2021년에는 에티오피아 식약안전청에서 MCM을 종합병원에서 종합전문병원으로 승격하였다. MCM은 현지뿐만 아니라 세계적으로도 인정받고 있는데, 2018년에는 미국 시사 주간지인 『타임TIME』지의 세계 병원 평가에서 '아프리카 지역 최우수병원'으로 선정되기도 했다.

MCM이 21세기 세계 선교 최고의 성과로 평가되는 것은 감사한 일이다. MCM은 현지에서 한국병원, '꼬레아 호스삐딸'로 불린다. 에티오피아뿐만 아니라 아프리카의 다른 나라들에서도 '꼬레아 호스삐딸'의 소문을 듣고 찾아온다. '꼬레아 호스삐딸'은 그들에게 삶의 용기와 살아갈 희망, 그리고 가장 중요한 그리스도의 사랑과 복음을 전한다.

이 모든 것은 현장에서 열심히 일한 사람들 덕이다. 커다란 밥상 하나를 펴 놓았더니 여기저기서 자신이 가진 것들을 상 위에 펼쳐 놓았다. 의술, 기술, 행정, 교육 등 자신이 가지고 있는 능력들을 아낌없이 내놓았다. MCM은 의료현장이자 '진짜' 나눔의 현장이기도 하다.

140년 전 미국 선교사 알렌이 우리나라에 서양식 병원인 광혜원(현 세브란스병원)을 설립하여 사람들을 치료하고 의료진을 양성하여 우리 의료계 발전에 큰 획을 긋고 떠난 것처럼, 단순히 가난한 사람들에게 먹을 것을 주고 병을 고쳐주기만 하는 것이 아니라, 에티오피아에 지속가능한 병원을 세우는 것이 우리의 목표이다. 나눔은 기적을 일으킨다. MCM을 통해 많은 사람들이 생명을 얻고 질병의 고통에서 해방되기를. 나아가 에티오피아가 아프리카의 의료 강국으로 거듭나기를 기도한다.

영혼을 살리는
병원

  이후로도 에티오피아 최초로 샴쌍둥이 분리 수
술에 성공하고, 화덕 옆에서 놀다가 몸에 불이 붙어 생명이 위
독하던 9살 소녀에게 새살이 돋아나고, 간질 발작으로 화상을
입고 상처투성이였던 여인이 다시 걷게 되었다는 기쁜 소식
이 들려왔다. 현지에서 진료가 어려운 어린이 환자를 한국으
로 초청하여 치료받게 해주기도 했다.

  MCM은 종합전문병원이다. 현재 내과, 외과, 안과, 치과,
정신건강의학과, 산부인과, 신장내과, 신경외과, 소아청소년
과, 소아청소년외과, 성형외과, 진단검사의학과, 마취과, 영상
의학과, 진단방사선과 외 응급실과 중환자실 등 17개 진료과

작은 불결이 파도가 되어

목이 개설되어 있다. 웬만한 질병은 진단받고 치료받을 수 있는 시스템이 갖춰져 있다. 에티오피아 현지는 물론 인근 아프리카 이웃 국가에서도 진료를 받기 위해 MCM을 찾는다.

처음부터 분명히 해두었던 것은 MCM은 자선병원이 아니라는 점이었다. 구상 단계에서부터 이윤을 창출하는 병원으로 계획했다. 선교사 알렌이 우리나라에 세웠던 최초의 서양병원인 광혜원과 마찬가지이다. 아프리카에는 선진국이나 NGO에서 지어준 병원들이 많이 있다. 대개는 의료봉사자들이 와서 무료로 진료를 한다. 문제는 그들이 떠난 다음이다. 의료진도, 병원을 운영할 수 있는 재정도 없는 병원들은 결국 폐허가 되고 만다.

김삼환 목사는 이러한 사례를 수도 없이 보았다. 이런 일이 없게 하려면 병원의 자립이 먼저였다. 단기적인 의료 봉사만으로는 이 나라 의료의 발전을 이룰 수 없다. 멀리 보아야 했다. 그래서 MCM은 환자들에게 돈을 받고 진료를 한다. 의과대학을 세운 것도 언젠가 병원이 자립할 수 있게 하기 위함이었다.

환자들에게 진료비를 받는다고 해서 금방 돈이 모이지는 않았다. MCM은 오랫동안 '플러스마이너스 제로' 상태였다. 많은 적자가 발생할 것으로 예상했었는데 제로인 것만 해도 사실 대단한 성과였다. 물론 현금 흐름에 한정시킨 계산이고, 건물이나 의료 장비의 감가상각은 다른 문제이다. MCM에는 한국에서의 계속적인 재정적 지원이 필요했고, 현재도 지원을 하고 있다. 최근에 와서야 비로소 MCM의 현금 흐름이 흑자로 전환되었다. 이렇게 자립의 기초가 마련된 것이다.

2023년, 드디어 김삼환 목사의 바람이 이루어졌다. 은파기초진료소EPCC의 문을 연 것이다. 은파기초진료소는 극빈자 전담 진료소로, 경제적인 사정으로 병원 진료를 받지 못하는 사람들에게 무상으로 기초진료를 제공하고, 예방을 통해 건강한 삶을 살 수 있도록 하는 역할을 한다. 이제는 더 많은 사람을 질병에서 해방시킬 수 있게 된 것이다.

"선교는 지금부터 시작이다!"

김삼환 목사는 돈이 없어 치료받지 못하고 아픔을 참아야만 하는 사람들의 마음을 너무나 잘 알고 있다. 여전히 에티오피아의 많은 아이들이 매일매일 죽어간다. 자식을 먼저 보낸 부모의 찢어지는 마음은, 겪어보지 않은 사람은 다 알지 못할 것이다. 그 자신도 병마에 시달렸다. 아무리 아파도 도움을 주는 사람이 없어 홀로 고통의 시간을 겪기도 했고, 가난으로 인해 가족이 모두 극심한 영양실조와 폐렴과 결핵으로 고생을 했다. 그러나 그는 언제나 하나님을 붙잡았다. 길고 외로웠던 고통의 시간 속에서도 주님은 함께 해주셨다.

그는 우리를 도와준 형제의 나라 에티오피아를 돕는 것은 마땅히 자신이 해야 할 일이라고 생각했다. 지금까지 20년 동안은 병원과 의과대학을 안정적인 수준으로 올려놓는 데에 총력을 기울였다면, 이제부터는 구제와 선교를 더욱 적극적으로 펼칠 때이다. 아프리카의 중심지이자 허브인 에티오피아에 세워진 MCM은 아프리카 전역에 그리스도의 사랑을 전하는 전진기지가 되어, 돈을 모으는 병원이 아닌, 영혼을 살리는 병원으로 성장하고 있다. 가난과 질병으로 외롭고 고통받는 이웃의 손을 잡고 기꺼이 그들의 안식처가 되어주고자 하는 MCM의 여정은 계속될 것이다.

생명을 살리는
우물

너도나도 가난하던 시절에 마을의 우물가는 그야말로 생명의 샘과도 같았다. 수돗물이 집집마다 보급되기 전이었던 1950, 60년대 한국에서는 우물에서 물을 길어다 사용했다. 우물가는 아이들에게는 놀이터였고, 어머니들에게는 일터였고, 목마른 나그네들에게는 쉼터이기도 했다. 병원이 개원한 다음해인 2005년, 에티오피아의 수도인 아디스아바바 외곽 지역의 어린이들이 물 한 동이를 긷기 위해 왕복 5시간을 오간다는 이야기를 들은 김삼환 목사는 안타까워했다. 먹을 물이 없어 아이들이 웅덩이에 고인 물을 걸러서 마신다고 했다. 깨끗한 물이 있다면 질병도 줄어들 텐데. 그는 마침 동행하던 지 집사에게 우물에 대해 물었다. 하나님은 항상 적재적소에 필요한 인재를 보내셨는데, 에티오피아의 물 사정에 대해 듣고 통탄하던 그의 곁에 지하수 개발 사업을 하고 있는 지 집사가 있었다.

"이 땅에서도 우물을 팔 수 있을까요? 집사님께서 한번 알아봐 주세요."

알아보니 이미 외국의 기관이나 NGO 단체들이 지하수를 개발할 장비와 기술이 없는 에티오피아에 와서 우물을 파는 일을 하고 있긴 했다. 그러나 우물만 파서는 근본적인 문제가 해결되지 않았다.

"관리가 허술해서 설치를 하고도 쓰지 못하는 우물도 많아요. 그런 것들을 수리해 재사용하게 하는 것도 신규 지하수 개발과 병행해야 할 것 같습니다."

곧바로 세계 최고의 기술인 지하수 오염 방지 공법을 적용하여 노후 우물 시설을 개선하고, 소독 및 여과 설비를 추가로 갖추는 일에 착수했다. 그리고 선교사들에게 현지 실정과 우물선교에 대한 조사를 요청했다. 자료를 취합한 보고서를 통해 현지 실정, 지하수 개발의 기술적인 문제, 우물의 운영과 유지관리 문제, 선교와의 연결 관계 등을 자세히 살펴볼 수 있었다. 그 보고서를 바탕으로 2006년, 명성우물선교회가 조직되었다.

에티오피아는 어느 곳이나 우물이 필요했다. 그 말은 어느 곳이나 물이 부족하다는 뜻이었다. 우물 옆에는 교회도 함께 짓기로 했다. 우물은 교회의 상징과도 같았다. 마을 사람들이 생명을 살리는 물을 마시면서 하나님을 기억하기를 바랐다. 이 기적이, 이 은혜가 어디로부터 오는지 알았으면 했다.

그렇게 2007년 갈레사꼽투 마을에서 명성우물선교회 제1호 우물 개발이 시작되었다. 감자와 에티오피아 사람들의 주식 '인제라Injera'의 재료인 '테프Teff'를 재배하는 넓은 목초지가 있는 마을이었다.

"오오, 물 나온다, 나와!"

"우하! 우하!"(현지어로 '물'이라는 뜻)

깊은 땅속에서 마침내 물줄기가 솟구쳤다. 물이 솟아나온 뒤로 마을 사람들은 우리를 다시 보기 시작했다. 우물 개발과 더불어 교회가 완성되자 마을 주민 350여 명이 예배에 참여했다. 아직 완성되지 않은 성전 구석구석이 마을 사람들의 손길로 완성되었다. 에티오피아의 방식으로 나무 골조 위에 진흙을 발라서 지었는데, 어떻게라도 하나님께 예물을 드리고 싶었던 주민들이 자발적으로 진흙을 발랐다고 한다. 메말랐던 땅이 그렇게 물로, 또 그들의 헌신으로 다시 촉촉해졌다.

갈레사꼽투 마을을 시작으로 한 우물선교는 에티오피아의 다른 지방은 물론, 르완다와 탄자니아에까지 이어졌다. 명성 우물선교는 한 번의 친절로 끝나지 않는다. 한 번의 우물 시추로 끝나는 것이 아니라 지속적으로 유지 관리를 한다. 목적은 두 가지이다. 첫째는 하나님의 자녀로서 우리와 마찬가지로 하나님의 자녀인 그들에게 깨끗한 물을 선물하여 질병을 예방하는 것이며, 둘째는 궁극적으로 물 부족에 대한 공포에서 벗어나고 하나님의 기적을 함께 체험하여 그들도 하나님을 알게 하는 것이다. 성경에 나오는 일곱 개의 우물이 그랬듯이 우리가 만든 우물도 하나님의 말씀을 전하는 생명수가 될 것이다.

3장

받은
것은

다시
나누라

돌봄은
또 다른 섬김이다

　　김삼환 목사는 1990년에 목포 인근의 섬 지역에서 농어촌 목회를 하는 목사들을 만났다. 그 자신도 농촌에서 목회를 시작했기에 농촌 목회의 어려움을 잘 알았던 그는 힘든 점은 없는지 이것저것 물었다.

　"다른 건 괜찮은데 아이들 교육이 걱정입니다."

　섬 지역은 교육 인프라가 부족해서 아이들이 타지로 나가 공부하는 경우가 아주 흔하다. 의무교육이야 지역에서 받는다고 해도 대학에 가려면 육지로, 도시로 나가야 한다.

　"빠듯한 살림이지만 어떻게든 해서 학비까지는 대겠는데, 도시는 월세가 너무 비싸요. 생활비도 챙겨주어야 하는데 집세를 내고 나면 돈이 없어서 주지 못하고 있어요. 아이들이 타지에서 고생이죠."

농어촌 지역에서 목회를 하는 목사들과 전도사들에게 자녀의 학업은 언제나 큰 고민거리였다. 특히 섬 지역은 목회자 사례비도 거의 없다시피 한 경우가 대부분이었다. 그 역시 그랬었다. 한 가지를 하려면 다른 한 가지를 포기해야 했다. 밥을 먹으려면 병원비를 포기해야 했고, 공부를 하려면 밥을 굶어야 했다. 돈이 없어서 어쩔 수 없이 손에 쥔 것을 놓아야 하는 사람의 마음은 겪어본 사람이 가장 잘 알 것이다.

"마음 편하게 아이들 공부시키는 게 소원입니다. 아이들이 학교 다니며 공부할 수 있는 집이 있었으면 좋겠어요."

김삼환 목사는 서울로 돌아와서도 간절한 그 목소리를 잊지 못했다. 지역마다 목회자 자녀들이 지내면서 공부할 수 있는 장학관이 하나씩 있으면 좋겠다고 생각했다.

사실 그 전부터도 김삼환 목사는 장학 사역에 관심이 많았다. 1983년에는 신학생들에게 식사를 대접하는 자리에서 돈이 없어 끼니를 거르며 공부하는 학생들이 있다는 이야기를 듣게 되었다. 재정이 넉넉하지 못한 신학교는 학생들의 식사를 제대로 챙겨주지 못했다. 식사라고 해도 밥 한 그릇, 국 한 사발이 전부인 경우가 많았고, 그마저도 순서가 오지 않아 물한 그릇으로 허기를 채우는 학생들도 부지기수였다. 말도 안 되는 이야기였다. 한참 먹어야 할 나이에 밥을 못 먹고 굶으며 공부한다는 것이 안타까웠다. 그는 장차 주의 종으로 자라날 이 청년들에게 따뜻한 밥을 먹이고 싶었다.

청년 시절에 잘 먹는 것이 얼마나 중요한가? 해양교회 시절에는 교회가 있던 해양방직공장에서 일하는 청년들에게 주일마다 교회에서 밥이며 국수며 해 먹였다. 주일에도 공장에 출근하는 청년들이 있었는데 휴일이라 식사가 제공되지 않아 점심을 굶는다는 것이었다. 교회에서 안 먹이면 누가 그들을 먹인단 말인가? 그는 그때 생각이 나서 급한 대로 식권을 사서 신학생들에게 나누어 주었다.

"굶으면 안 되지요. 앞으로 한국교회에서 큰일을 할 사람들인데, 밥 잘 먹고 건강하게 공부해야지요. 조금만 더 힘을 내세요."

식권을 주고 등을 두드리면서도 이렇게 끝내서는 안 될 일이라고 그는 생각했다. 근본적인 해결책이 필요했다. 그것이 그에게 주어진 사명이었다. 보릿고개에 점심 도시락을 싸가지 못해 수돗물로 배를 채웠던 경험이 그에게도 있다. 굶주림이라는 것이 얼마나 사람을 피폐하게 하는지 그는 잘 알고 있었다. 하나님의 종이 될 학생들이 그런 피폐한 마음을 가지고 공부하게 둘 수는 없었다.

교회로 돌아와서 당장 장학관 설립에 대한 논의를 시작했다. 이듬해인 1984년 7월 교회 근처에 소형주택을 매입하였다. 장학관 건축 이전에 일단 급한 대로 신학생들이 편하게 숙식하며 공부할 수 있는 공간을 마련하기 위해서였다. 그때는 아직 명성교회도 완벽하게 자리를 잡지 못했던 시기였다. 그러나 공부하는 학생들이 마음 놓고 공부할 환경을 만드는 것만큼 중요한 것이 또 어디 있겠는가. 다른 무엇보다도 돈 때문에 공부를 그만두는 일은 없어야 한다는 것이 그의 철칙이었다.

농촌 목회 시절 집안 형편이 어려워 학교에 가지 못하는 학생들을 불러 모아 야학을 열었다. 명성교회 개척 전 해양교회에서도 불우 청소년들을 위한 야학을 운영했다. 배움은 시기를 놓치면 다시 잡기 어려워진다. 남들 공부할 때 공부할 수 있도록 돕는 것이 목회자로서도, 어른으로서도 마땅히 해야 할 일이었다.

2층 주택의 내부 수리를 마치고 이듬해 3월 새 학기에 열 명의 학생을 맞이했다. 대부분 고향에서 멀리 떠나 서울에서 공부하는 목회자 자녀였다. 쾌적한 환경에서 밥 걱정 없이 공부할 수 있게 된 학생들의 기대 가득한 표정을 마주하면서 그들의 꿈이 주저앉지 않고 훨훨 날 수 있기를 그는 간절히 기도했다.

그로부터 2년 뒤 명성교회 창립 7년이 되는 해에 지상 3층, 지하 1층으로 이루어진 명성장학관을 개관하였다. 1987년 9월, 완공된 장학관에 21명의 학생이 입사했던 그날의 감격은 이루 말할 수 없었다. 그렇게 명성교회의 장학선교는 조금씩 성장했다.

목포에서 섬 지역의 목회자들과 대화를 나눈 후 그는 장학관을 전국으로 확장해야겠다고 생각했다. 이후 서울장학관 외에 지방 제1호 장학관인 목포장학관을 시작으로 광주, 대구, 전주, 순천, 부산 등 전국 7개 도시에 장학관을 세웠다. 지금까지 5천 명 이상의 학생들이 장학관에서 숙식 걱정 없이 꿈을 키워 나갔다. 소년소녀가장, 한부모가정 자녀 등 공부할 여건이 안 되어서 포기하려던 많은 아이들이 꿈을 이루었다.

김삼환 목사의 돌봄의 가치로 시작된 장학관의 학생들은 끼니 걱정 잠자리 걱정 없이 공부만 할 수 있다는 것이 행복이고 행운이라고 말한다. 세상의 기준에서 벗어나 하나님의 은혜를 감사히 여길 줄 아는 그 마음이 참 귀하다. 장학관에서 지내는 어떤 학생이 이런 말을 했다.

"아버지께서 시골교회 목회자이신데 교회가 정말 작았어

요. 어린이예배나 청년부예배가 따로 없었죠. 고등학교 때는 옆 도시로 나가서 지냈는데 그곳에도 믿음 생활을 나눌 친구가 없었어요. 정말 외로운 시간이었어요. 신앙생활을 함께 할 사람이 없다는 건 참 힘든 일이더라고요. 다른 무엇도 아닌 그 이유 때문에 타지 생활에 지쳐갔어요. 그런데 장학관에 들어오면서 제 삶이 달라졌어요. 편안함에서 오는 안정감도 있었지만, 무엇보다도 신앙생활에 대한 목마름이 채워지는 공간이에요. 저와 같이 하나님을 바라보는 친구들과 함께 살 수 있게 되었잖아요. 그때부터 공부도 더 열심히 할 수 있었어요. 목사님 정말 감사합니다."

김삼환 목사는 장학관 학생들을 만나면 공부는 잘 되는지, 지내는 데 불편한 점은 없는지 묻곤 한다. 교회 마당에서 반갑게 인사하는 장학관 학생들을 보면 간식이라도 사 먹으라고 그 자리에서 용돈을 주기도 한다. 불편한 점이 있다면 고쳐주고 더 잘 해주고 싶은 마음에 이것저것 물어보면 학생들은 하나같이 비슷한 이야기를 했다.

"서울에 와서 외로웠는데, 함께 믿음 생활을 할 수 있는 공동체가 생겼다는 게 정말 좋아요. 사감 선생님들도 따뜻하게 대해주시고, 또 다른 가족이라고 생각하고 살고 있어요. 무엇보다도 장학관을 통해 명성교회 대학부에 들어가게 되고 그곳에서 좋은 사람들을 만나서 함께 훈련받게 된 것이 가장 큰 감사예요."

농어촌교회의 자녀가 타지에서 공부할 때 마땅히 지낼 장소가 없다는 것이 마음에 걸려 시작한 장학관이었다. 그 귀한 아이들을 잘 돌봐주고 싶었다. 이 공간에서 먹고 자는 것 이상의 무언가를 얻어가길 바랐다. 장학관이라는 신앙의 울타리 안에서 작은 섬김을 체험하고, 기도하고 서로를 보듬으며 한 인간으로 성숙해지는 기회가 되었으면 했다. 다행히 명성장학관의 학생들은 그런 시간을 보내고 있었다.

"장학관에 온 뒤로 명성교회 새벽예배를 드릴 수 있어서 좋아요. 전에 학교 기숙사에 살 때는 주일에 교회에 왔다 가려면 왕복 서너 시간이 걸렸어요. 교회 근처 장학관에 사니까 매일 교회로 새벽예배를 갈 수 있잖아요. 그 시간이 너무 감사해요."

학교 기숙사에 살면서 교회를 오가는데 왕복 서너 시간이 걸렸다는 것은, 반대로 지금 장학관에 살면서 학교를 통학하는 데에 여전히 서너 시간이 걸린다는 이야기다. 그래도 매일 새벽 예배에 나올 수 있어 학교보다는 교회 가까운 곳에 사는 것이 더 좋다는 그 마음은 얼마나 신실하고 귀한 것인지.

얼마 전에는 특별새벽집회가 끝나고 장학관 학생들이 김

삼환 목사에게 인사를 하러 왔다. 건장한 남학생들을 보니 그들에게 체력 단련이 필요하겠다 싶어 장학관에 운동기구들을 들여 체력단련실을 만들어 주었다. 공부하는 학생들에게는 체력이 중요하니 운동기구도 가장 좋은 것들로 사주었다.

"장학관 밥이 정말 너무 맛있어요. 제가 속이 안 좋아서 음식을 먹으면 탈이 잘 나는데, 장학관에서는 한 번도 밥을 먹고 탈이 난 적이 없어요. 알고 보니 음식을 해주시는 사모님들께서(편집자 주: 명성장학관이 있는 '가나안의집'에는 남편과 사별하여 홀로된 목회자 사모들도 함께 살고 있다.) 저희 건강을 생각하셔서 흰 설탕 대신에 매실청을 쓰시고, 식초 대신에 레몬즙을 쓰시고, 좋은 재료만 쓰시더라고요."

"저는 대학 다니면서 수능을 준비하고 있었는데 사모님들께서 그걸 아시고 그날 아침 수능 도시락을 싸 주셨어요. 지방에서 와서 혼자 사니까 제가 대충 싸가서 먹으려고 했는데 정말 감동이었어요. 게다가 수능시험장이 어디냐고 하시더니 시험장까지 차를 태워주셨어요."

"솔직히 다른 기숙사들에 비하면 저희 이곳에서 정말 풍족하게 지내요. 그런데도 목사님께서는 항상 많이 못 챙겨줘서 미안하다고 눈물을 글썽거리세요. 요즘 물가도 많이 올랐는데 과일도 늘 챙겨주시고 간식도 주시고. 온수도 잘 나오는 이런 환경이 얼마나 감사한지 몰라요. 그런데도 목사님은 늘 미안하다고 하시면서 학생 때에 혼자 서울에 올라와서 이렇게 열심히 공부하는 게 얼마나 힘든지 안다, 열심히 배우고 하나님 나라를 위해서 충성된 일꾼이 되어라, 내가 더 많이 지원해 주겠다, 그렇게 말씀해 주세요. 저희가 화장실이나 샤워실 사용하고 불 안 끄면 전기요금도 다 명성교회 성도님들의 귀한 헌금으로 나가는 거잖아요. 전기 아껴 쓰고, 물 아껴 쓰고, 분리수거 잘 하자고 저희끼리 그래요."

세상의 유혹이 많고 잠시 한눈을 팔면 믿음을 잃어버리기 쉬운 청년의 때에 교회에 바싹 붙어서 주님을 찬양하고 예배할 수 있는 삶을 살고 있는 장학관의 학생들은 그것으로도 이미 큰 축복이다. 이 청년들이 장학관에서 배우고 생활했던 대로 자신의 삶을 꾸려가고 다른 이의 삶에도 좋은 영향을 끼칠 것이라 믿는다.

장학관에서 공부했던 학생들은 목회자, 교수, 외교관, 변호사, 의사 등 다양한 분야에서 훌륭한 어른으로, 또 심지가 곧은 신앙인으로 모범적인 삶을 살고 있다. 학비는 댈 수 있지만 공부할 집이 없어 걱정이라는 절박한 부모의 목소리, 공부를 위해 집을 떠나 끼니를 굶어가며 고생하던 학생들의 허기진 눈빛, 도움을 구하는 손짓을 외면하지 않았기에 거둔 열매들이다.

돌봄은 또 다른 섬김이다. 섬김의 마음으로 시작된 명성장학관에서 배출한 인재들이 세상에 나아가 또 다른 나눔과 섬김을 실천하고 있다. 어려움 속에서 빛을 만난 그들이 이제는 세상을 환하게 빛낼 수 있게 되기를 바란다.

선교사 자녀를 위한
배움터

선교사들은 낯선 타국에 예수님의 사랑을 전하기 위해, 고국에서 누리던 모든 것을 내려놓고 떠난다. 스스로 안락한 삶 대신 하나님의 종으로서의 삶을 택하는 것이다. 모든 선교사는 한결같이 말한다. 낯선 땅에 복음을 전하고, 그곳에 부족한 교육, 의료, 사회복지 서비스를 제공하는 역할은 물론 어렵지만 보람된 일이라고. 선교사들이야말로 섬기고 나누는 사람들이다.

김삼환 목사는 2011년 9월 6일, 필리핀 마닐라 공항에서 2시간 떨어진 곳에 있는 안티폴로에 도착했다. 그곳에는 명성교회가 2006년 1월에 인수하여 운영해온 마닐라한국아카데미가 있다. 마닐라한국아카데미는 선교사 자녀들을 위해 세워진 최초의 한국인 선교사 자녀 학교로, 1994년 필리핀 마닐라에 설립되었다.

MK Missionary Kid 라 불리는 선교사 자녀들은 부모가 해외로 파송되면서 선교지로 함께 이주하거나 그곳에서 태어난 아이들로, 교육 및 타문화 적응, 정체성 혼란 등의 문제를 겪게 된다. 필리핀에는 이미 미국 선교회에서 세운 세계 3대 선교 아카데미 중 하나인 페이스아카데미(1957년 개교)가 있었지만, 기독교 세계관과 더불어 한국인으로서의 정체성을 심어 줄 한국인 학교가 필요했다. 그리하여 한국 교계와 선교단체가 연합하여 마닐라한국아카데미가 어렵게 문을 열었으나 운영이 쉽지는 않았다.

누구보다 귀하게 섬김을 받아야 할 선교사 자녀들의 학교가 어렵다는 이야기를 들은 김삼환 목사는 하나님께서 '어려움 가운데 있는 선교사 자녀가 공부를 하지 못해도 되는 것이냐'며 호통을 치시는 것 같았다고 했다. 자신을 희생하여 복음을 전하는 일에 나선 사람들의 자녀들이 불편 없이 공부할 수 있도록 하는 것 역시 자신에게 주어진 사명이라 생각했다.

그렇게 2006년에 선교사 자녀 학교인 마닐라한국아카데미를 인수했다. 1998년 마닐라에서 안티폴로로 이주한 마닐라한국아카데미는 시설이 매우 열악했다. 기숙사도 없어서 집이 먼 아이들은 입학할 수 없었고, 좁은 건물에서 유치원생부터 초, 중, 고등학생이 함께 수업을 하고 있었다. 교회로 돌아와서 논의 끝에 2009년 인근 부지를 매입하여 교육행정동과 기숙사동을 마련했다.

학교 정문에 도착한 김삼환 목사를, 환한 얼굴을 한 아이들이 쏟아져 나와 해맑게 반겨줬다. 미래 한국을 이끌어갈 희망의 표정들이 반짝였다. "목사님, 학교가 넓어져서 정말 좋아요!" 아이들과 교사들, 학부모, 현지인 직원들까지 행복한 모습을 보니, 그동안 얼마나 이 공간이 필요했는지가 다시 한 번 느껴졌다.

새롭게 단장한 마닐라한국아카데미는 날로 성장하고 있다. 매년 '마한아' 출신의 학생들이 한국과 미국의 유수 대학으로 진학하고 있다. 무엇보다 '선교사 자녀'라는 정체성과 사명감을 가지고 다음 세대 선교 역사의 주인공이자 선한 영향력을 발휘하는 글로벌 리더로 성장하기를, 오늘도 김삼환 목사와 명성교회 성도들은 기도한다.

캄보디아의
아이들

2009년 캄보디아 대사관에서 명성교회로 연락을 해왔다. 훈장을 주겠다는 것이었다. 명성교회 이름으로 캄보디아에 기술학교를 세웠는데, 그로 인해 주어진 국가재건 공로최고훈장이었다. 한 나라의 총리가 국가의 이름으로 특사를 파견하여 민간인에게 훈장을 수여한 것은 이례적인 일이었다.

한국-캄보디아 친선협회장인 님 반다Nhim Vanda 장군이 캄보디아 훈센 총리의 특사로 찾아와서, 교회에서 간단히 수여식을 치렀다. 님 반다 특사는 훈장을 수여하며 "명성교회가 훈센기술학교뿐 아니라 캄보디아의 경제발전과 민주화에 기여한 공로에 대하여 훈센 총리를 비롯한 캄보디아 국민들의 감사의 마음을 이 훈장에 담았다."고 말했다. 캄보디아 정부에서 주는 훈장에 금, 은, 동이 있는데 그중 최고인 금 훈장이라는 말도 덧붙였다.

캄보디아와의 인연은 1997년으로 거슬러 올라간다. 1997년 김삼환 목사가 캄보디아를 처음 방문했을 때 훈센 총리와 총리 관저에서 환담을 나눌 기회가 있었다. 그것을 계기로 훈센 총리의 부인 분라니 여사가 운영하는 직업학교인 훈센기술학교와 교류하면서 캄보디아에 대한 지원을 시작했다. 훈센기술학교는 주로 미용기술과 봉제기술을 가르치는 학교였다. 명성교회는 이 학교에 강당과 식당, 정미소를 지어주고 재봉틀과 미용 재료 등을 지원하였다. 직업학교 지원 사업은 캄보디아를 더욱 깊이 들여다보는 계기가 되었다.

캄보디아는 인구의 대부분이 불교신자로 복음을 접할 기회가 없었고, 내전으로 척박해진 땅을 재건하느라 영혼을 돌아볼 여유가 없었다. 폴 포트의 무장단체 크메르 루주에 의해 200만 명 이상의 국민이 잔혹한 학살을 당한 '킬링필드', 그야말로 죽음의 땅이었다. 봉사와 선교를 위해 캄보디아를 찾아가는 데에는 다른 어떤 이유도 필요하지 않았다. 일제강점기에 외세로부터 핍박받고, 가난했던 시절 선교사들이 서양에서 먼 한국까지 와서 우리에게 복음을 전해주었던 것처럼, 우리도 그들을 섬기며 우리가 가진 것을 나누어 주어야 했다.

캄보디아에 선교사를 파송하여 그곳에 필요한 것들을 살펴보았다. 2000년 5월, 캄보디아의 수도 프놈펜 근처에 명성 선교센터Bright Voice Service Center를 세웠다. 그렇게 불모의 땅 캄보디아에서 그들의 영적, 정신적, 육체적, 교육적, 물질적 필요를 채워주기 위한 본격적인 섬김을 시작하였다.

캄보디아에서 가장 시급한 건 교육이었다. 학살이 자행되었던 야만의 시절, 가장 먼저 처형당한 사람들은 지식인들이었다. 학생은 물론 학교 근처에서 놀고 있는 아이들까지 죽임을 당했다. 안경 쓴 사람들도 다 지식인이라고 생각해서 죽였다고 한다. 대규모 학살이 있은 뒤 캄보디아의 문맹률은 90% 가까이 되었다. 잔혹한 역사의 여파로 이후로도 오랫동안 교육이 활성화되지 못했다. 그러나 이제는 캄보디아 국민들도 교육이 인간을 인간답게 하는 데에 얼마나 큰 영향을 미치는지를 잘 알고 있다.

문제는 교육받을 곳이 마땅치 않다는 것이었다. 김삼환 목사는 캄보디아 선교에서 교육에 큰 비중을 두었다. 오래전 서양의 선교사들이 우리나라에 와서 세운 여러 학교들이 지금의 한국을 만드는 데에 큰 기여를 했다. 섬김과 돌봄을 받은 우리가 이제는 이곳에서 섬기고 돌보는 역할을 할 차례였다. 그리고 그 길을 캄보디아 사람들도 따라올 수 있도록 도와야 했다.

우선 당장 할 수 있는 것부터 시작했다. 프놈펜에서 조금 떨어진 따끄마으 지역에 교육관을 짓고 유치원생을 받았다. 어린 아이를 돌보는 일이 가장 시급했다. 돌봄은 선교의 시작이다. 교육관에는 유치원 아이들뿐 아니라 영어, 한국어, 중국어, 음악, 축구, 컴퓨터 등을 배우려는 초중고 학생들이 찾아왔다. 아이들의 눈빛이 맑고 깊었다.

어린 시절의 김삼환 목사가 다니던 시골 교회의 한 친구는 이런 말을 했었다.

"내게 교회는 학교이고 놀이터이고 미술관이고 연주회장이야. 교회에는 내가 꿈꾸던 모든 것이 다 있어."

문화적 혜택을 받지 못하는 아이들에게 명성선교센터는 그러한 공간이 되어 주었다.

교육관뿐만 아니라 복지관도 있다. 특별한 보살핌을 필요로 하는 불우한 가정의 아이들과 노인들을 섬기는 곳이다. 그곳에서 아이들은 모자랐던 공부를 하고 노인들은 일을 한다. 아무것도 할 수 없는 환경에서 벗어나 배우고 일하며 스스로의 존엄을 지켜 나가고 있다.

교육 이외에도 명성교회에서는 캄보디아에 의료선교를 나
간다. 일 년 내내 우리나라 한여름 날씨가 지속되는 캄보디아
에 의료선교봉사를 나간 의료진들은 쉴 틈 없이 환자를 진료
한다. 어느 해에는 3일 동안 1,100여 명의 환자들을 진료하기
도 했다. 명성교회 의료선교회는 병원이 멀어 아파도 치료를
받지 못하는 먼 마을까지 가서 사람들의 건강을 살핀다.

김삼환 목사는 1997년 첫 방문 이후 캄보디아를 열 번 가
까이 다녀왔다. 갈 때마다 조금씩 발전하고 있는 그 나라에서
아쉬운 부분은 역시 교육과 영적 치유였다. 그리스도의 복음
을 전하고 미래를 밝힐 인재를 키우는 일을 돕는다면 캄보디
아는 다시 우뚝 일어날 것이다. 우리가 그러했듯이. 언젠가는
캄보디아의 기독교인들이 다른 나라로 교육 선교, 의료 선교
를 가는 날을 꿈꾼다.

하나님 나라에는
낙오자가 없다

고등학생 자녀를 둔 교인들은 기도를 아주 열심히 한다. 수능을 앞두고 새벽기도회는 부모들의 간절한 마음으로 가득 찬다. 예전에도 그랬지만 갈수록 학업에 대한 부담이 커지고 있다. 학생 인구가 줄어들면 대입도 좀 쉬워질 것 같지만, 서울 상위권 대학을 점점 더 선호하게 되면서 오히려 경쟁은 더 심해지고 있다. 굴러가는 낙엽만 보고도 까르르 웃음이 날 때인데 요즘 학생들에게는 한숨이 가득하다.

경북 영주는 김삼환 목사의 고향 영양에서 멀지 않은 도시이다. 풍기 인삼과 부석사로 유명한 영주는 옛날부터 점잖은 선비의 고장이었다. 1990년의 어느 날 그는 고향에 내려갔다

107

가 영광여고 이야기를 들었다. 익히 잘 알고 있던, 영광고등학교에서 여자부 병설을 인가 받아 세운 학교였다. 그 지역에 있던 장로가 기독교학교인 영광여고가 재정적 어려움에 처해 있다고 했다.

"어려워진 지 몇 년 됐어요. 예산이 부족해서 시설 보수도 못하고 교육 프로그램 개선도 안 되는 상황입니다. 애꿎은 학생들이 피해를 보고 있죠. 열심히 공부만 해도 모자란 때인데 합당한 지원을 받지 못하고 있어 학부모도 애가 타고요."

역사가 깊은 기독교학교가 재정난으로 어려움을 겪는다는 말을 들으니 그는 마음이 쓰였다. 선교사들이 세운 배재학당도 이화학당도 전부 우리에게 교육의 기회를 준 미션스쿨이었다. 그는 교인들과 함께 영광여고에 대해 알아보았다. 알아보면 알아볼수록 상황이 안타까울 뿐이었다. 지원을 기다리고 있는 영광여고에 연락하여 함께 해결 방안을 모색하였다. 그 결과 명성교회가 아예 학교를 인수하여 운영하는 것이 가장 좋겠다는 결론이 나왔다.

그리하여 1991년에 영광여자고등학교를 인수하게 되었다. 가장 시급한 과제는 학생들이 더 나은 학습 환경에서 공부할 수 있도록 지원하는 것이었다. 아이들은 나무와 같아서 물만 잘 주면 알아서 쑥쑥 자란다. 마음 놓고 공부할 수 있는 환경이 만들어지면 공부하라고 강요하지 않아도 잘 해낼 것이었다.

다음으로 생각한 것은 기독교적 가치관에 기반을 둔 인성교육이었다. 아무리 공부를 잘한다 한들 인성이 뒷받침되지 못하면 아무 소용이 없다. 나를 사랑하고 너를 사랑하고 우리를 사랑할 줄 알아야 참된 인간, 하나님 보시기에 자랑스러운 자녀가 되는 것이다. 그는 교사들에게 성적 이전에 무엇보다 전인교육에 힘써 줄 것을 당부했다.

"공부만 잘하는 사람은 세상을 밝힐 수 없습니다. 세상은 이웃을 사랑하는 사람들로 인해 밝아지지요."

기독교 정신을 갖춘 진정한 리더를 길러내겠다는 꿈은 머지않아 이루어졌다. 지금의 영광여자고등학교는 전국 어느 유명 사학과 비교해도 뒤지지 않는 명문이 되었다. 명성교회의 전폭적인 지지를 받은 아이들은 잘 자라주었다. 지역 사회의 일원으로 봉사도 열심히 하고, 해외 교류 프로그램에 참가해 국제적인 시각과 안목도 기르고 있으며, 공부까지 잘 하는 건 물론이다. 2024년 대학입시에서는 서울대 3명, 의대와 한의대 등 의학계열에 9명이 합격하면서 경북북부지역 대학진학률 1위를 차지했다. 놀라운 성과였다.

졸업식 축사에서 김삼환 목사는 "높은 진학률은 모두에게 영광이지만, 분명한 것은 하나님 나라에는 낙오자가 하나도 없다는 것"을 강조했다. 입시가 인생의 전부가 아니라는 뜻이었다. 하나님 나라에는 낙오자가 없다. 누구나 하나님의 말씀을 따라 살면 하나님의 자녀로 인정받는다.

그날 졸업식에 참석한 경상북도교육감은 이런 말을 했다. "우리 경북에는 유치원을 포함해서 1,600개의 학교가 있고, 고등학교만 185개의 학교가 있습니다. 그중에 정말 열심히 했다고 소문난 한두 개 학교 졸업식에만 제가 참여하는데, 그래서 영광여고 졸업식에 왔습니다." 학생들은 환호했다. 영광여고는 김삼환 목사가 처음 방문했던 때와는 전혀 다른 모습의 학교가 되었다. 이처럼 돌봄과 섬김은 모든 것을 바꾸어 놓는다.

졸업식 말미에 한 졸업생이 떨리는 목소리로 고백했다.

"하나님을 잘 모르고 살다가 영광여고에 와서 교회에 다니게 되었습니다. 졸업 후에도 교회에 잘 다니면서 환경 분야에서 일하며 사회에 이바지하고 싶습니다."

서울대 진학 소식보다 이 말 한마디가 더 큰 감동이 아닐까?

당신들이
나의 기적이었습니다

        명성교회에서는 일 년에 두 번, 3월과 9월에 특별새벽집회가 열린다. 새벽기도와 함께 놀랍도록 부흥한 명성교회에 전 세계 교회들의 이목이 집중되었다. 명성교회의 새벽기도를 배우러 해외 교회 지도자들이 방문하기도 했다. 국내는 물론 온 세계 방방곡곡에서 김삼환 목사의 설교를 듣기 위해 초청집회를 열었다.

    김삼환 목사는 외부 집회 사례금에 대해서는 철저한 원칙이 있었다. 그 교회의 형편이 어려울 경우에는 받은 사례금을 돌려주었고, 그 외에는 모두 교회에 돌아와서 헌금했다. 또한 집안의 경조사로 들어온 축의금과 조의금도 모두 교회에 헌금했다. 외부 집회 사례금은 처음부터 자신의 돈이 아니라고 생각했다. 축의금이나 조의금도 마찬가지였다. 이 재정을 따로 관리해 온 장로들이 그를 찾아와서 말했다.

"목사님, 그동안 헌금하신 돈은 별도로 적립했는데 돈이 제법 많이 모였습니다."

장로들이 말해준 액수에 그는 깜짝 놀랐다. 장로들은 이제 연세도 있으시니 노후자금으로 사용하기를 권했다. 그는 시간을 조금 달라고 한 뒤 기도로 하나님께 답을 구했다. 처음부터 내 것이라고 생각해 본 적이 없는 돈이었다. 그랬기에 그는 외부 사례비를 바로바로 교회에 헌금했던 것이다. 자신을 위해 쓸 생각은 전혀 없었다. 문제는 이 돈을 어떻게 의미 있게 사용하느냐였다.

그는 기도 후에 그 돈을 어떻게 써야 할지 바로 결정을 내렸다. 다음날 예배 시간에 성도들 앞에서 자신의 뜻을 밝혔다.

"그동안 저의 외부 활동이나 개인적인 경조사 때 받은 축의금과 조의금을 교회에 헌금했는데, 그게 제법 많이 모였다고 합니다. 교회 일에 쓰라고 드렸는데, 장로님들이 따로 모아놓은 모양이에요. 장로님들이 노후자금으로 쓰라고 권유하시는데, 그건 제 돈이 아니지요. 하나님의 돈이고, 여러분의 돈입니다. 그동안 저를 위해 기도로 후원해준 우리 성도들에게 이 돈을 돌려드리고 싶습니다. 우리 명성교회가 외부적으로 많은 장학사업과 이웃 나눔을 해 오고 있는데, 이 돈만큼은 그동안 저를 위해 기도하며 후원해준 교인들을 위해 쓰겠습니다. 구체적으로는 우리 교회의 젊은이들을 세계적 인재로 양성하는 데에 사용할까 합니다."

교인들은 우레와 같은 박수로 화답했다. 얼마 후 장로들은 그 돈으로 장학회를 만들었다. 김삼환 목사의 호를 따서 '은파장학회'라고 이름 짓고, 교구에서 장학생 추천을 받아 장학금을 지원하기로 결정했다. 이후 은파장학회에서는 지금까지 매년 대학생들에게 장학금을 전달하고 있다.

은파장학회는 45년 전에 그를 서울 명일동으로 보내시고 은혜와 기적을 베푸신 하나님의 사랑을 나누는 길이었다. 은파恩波는 은혜의 파도가 넘실넘실 철썩철썩 쉬지 않고 몰아치라고, 지금은 돌아가신 그의 스승 안동교회 김기수 목사가 지어준 호號이다. 은파장학회는 그 이름에 걸맞게 은혜를 파도에 실어 나르고 있다. 철썩철썩 쉬지 않고, 은혜가 필요한 이들에게 가서 닿을 수 있도록.

하루는 한 청년이 그를 찾아왔다. "목사님, 저 기억하시겠어요?" 그 청년은 어린 시절에 그가 기도해주었던 아이라고 했다. "선천성 심장병으로 병원에 있을 때 목사님의 기도로 살아났어요. 은파장학금으로 공부도 마쳤어요. 정말 감사해요." 주삿바늘을 꽂고 병실에 누워 있던 작은 아이가 병을 이기고 건강히 자라서 하고 싶은 공부를 마쳤다니 반가운 이야기였다. 무슨 공부를 했느냐고 물으니 음악을 하고 있단다. "교환학생으로 선발이 됐지만 집안 형편 때문에 고민했는데 은파장학회의 도움으로 더 큰 세상에서 공부할 수 있었어요. 허락하신 은혜와 말씀 잊지 않고 주님이 원하는 삶을 살도록 노력하겠습니다."

더 배우고 싶은데 포기해야 할 때, 사람은 크나큰 좌절을 겪는다. 갑작스럽게 집안 형편이 기울거나, 건강의 악화로 경제 사정이 어려워져 꿈을 포기하는 사람들이 너무나 많다. 적어도 우리 명성교회 성도들은 그런 일을 겪지 않도록 하겠다는 것이 그의 다짐이었다.

"목사님, 저 병원 인턴으로 일하고 있어요. 집안이 어려워져서 유학을 제대로 마치지 못하고 들어왔는데 은파장학금 덕에 의과대학에 편입해 학교를 마칠 수 있었어요. 4년 동안 장학금을 주셔서 따로 아르바이트 하지 않고 공부에만 집중할 수 있었습니다."

의사가 된 한 학생은 첫 월급을 은파장학금으로 써 달라고 헌금하며 감사의 눈물을 흘렸다. 앞으로 환자들에게 예수님

의 향기를 전하고 하나님의 기적을 만날 수 있도록 좋은 의사
가 되겠다는 다짐과 함께.

은파장학금으로 자신의 길을 찾아나가는 학생들에게 그가
꼭 하는 말이 있다.

"세계적인 인물이 되어라. 내가 누군가에게 베풀어준 것은
잊어버리되 누군가에게 받은 은혜는 작은 것이라도 크게 생
각하고 잊지 말아라."

은파장학금을 받은 것을 기억하라는 말이 아니라, 은혜를
다시 나누고 섬기는 것에 쓰라는 뜻이다. 은혜의 파도가 멈추
지 않고 이어지도록 계속해서 실어 나르라는 말이다.

그에게는 늦깎이 신학생들의 사연도 많이 전해진다. 늦은
나이에 하나님을 알게 되었거나 혹은 뒤늦게 목회자의 길을
가야겠다는 생각을 하는 사람들이 적지 않다. 그중에는 가정
을 이룬 사람도 있다. 부모의 지원도 어렵고 가장의 책임이
커서 공부만 할 수 있는 환경이 되지 않는 신학생들을 돌보는
것도 그의 역할이었다. 그 또한 어렵게 신학대학교를 다녔기
때문에 그 마음을 누구보다 잘 알고 있었다.

"신앙을 소홀히 하고 방황하던 청년 시절, 목사님의 가르
침으로 마음을 다잡고 군복무를 마쳤습니다. 제대 후 사회에
서 일을 하다가 하나님 나라를 위해 헌신할 수 있는 일을 하

고 싶다는 생각이 확고해져서 회사를 그만두고 신학대학원
에 들어갔습니다. 가정형편이 넉넉하지 못해 입학금이 걱정
이었지만 그때마다 주님이 도와주셨지요. 마지막 학기에는
정말 힘들었는데 어머니께서 은파장학금을 신청하셨어요.
사실 저보다 더 어려운 학생에게 돌아갔으면 해서 신청하지
않고 있었는데, 사정이 어쩔 수 없어 어머니께서 저 몰래 신
청하셨지요. 은파장학금 덕에 공부를 잘 마칠 수 있었습니다.
감사합니다. 앞으로 많은 영혼을 살리는 일에 제 힘을 쓰겠습
니다."

　많은 사람들이 은파장학금을 통해 꿈을 찾았다는 이야기
를 한다. 은파장학회가 주님의 구원의 손길이며 기적이었다
고 입을 모아 말한다. 미처 다 소개하지 못한 수많은 사연이
있다. 기적을 만났다는 사람들에게, 오히려 그들이 다가와 주
어 그들을 섬길 수 있었던 것이 기적이었다고 김삼환 목사는
말한다.

4장

울고 있는
이들과

함께
울다

서로에게
울타리가 되어주다

얼마 전 명성복지재단 가나안의집 내부시설 보
수공사를 진행했다. 열심히 쓸고 닦으며 깨끗하게 사용했지
만 21년이라는 세월을 이길 수는 없었다. 풍화로 낡고 삭은
것들을 교체하고, 침구를 바꾸고 조명도 새로 달았다. 대단한
공사는 아니었는데 그래도 눈에 보이는 것들을 바꾸고 나니
다른 공간이 된 듯 화사했다. 장학관 학생들을 위해 체력단련
장도 새로 만들었다.

명성복지재단이 설립된 것은 2002년이었다. 이웃을 돌보
고 지역사회를 섬기고자 했던 김삼환 목사는 복지재단이 있
으면 교회에서 미처 다 챙기지 못한 이웃을 돌볼 수 있다는

이야기를 들었다. 그렇다면 안 할 이유가 없었다. 2년 뒤인 2004년 5월에는 사회복지법인으로 전환하였다. 오직 이웃을 돌보고 섬기겠다는 마음, 세상에 봉사하겠다는 일념으로 임했다. 가나안의집은 해외에서 일시 귀국한 선교사들의 숙식을 지원하는 '선교관' 22개실, 대학생들에게 숙식을 제공하는 '장학관' 22개실, 홀사모와 소년소녀가장, 저소득 어르신들이 머무는 '복지관' 18개실로 이루어져 있다.

그중에서도 복지관은 그가 늘 마음을 쓰고 있는 곳이다. 복지관에서 지내는 분들은 그야말로 난처한 상황에서 도움의 손길이 절실했던 사람들이다. 특히 남편 목사님이 갑자기 돌아가셔서 홀로 남게 된 '홀사모'들이 그렇다. 불의의 사고나 병환 등으로 담임목사가 돌아가시면 교회는 새로운 담임목사를 청빙하게 된다. 돌아가신 목사님이 교회를 개척하고 성전 건축까지 해냈음에도 사모와 자녀들은 목사 사택을 비워주어야 한다. 우리나라 대부분의 교회가 돌아가신 목사님의 가정까지 살필 충분한 여유가 없어, 이후의 일은 오롯이 사모들이 감당해야 했다. 운 좋게 살 곳을 구하더라도 생활과 아이들 교육은 사모들이 온전히 짊어져야 했다. 일단 살아야 했다. 배우자를 잃은 슬픔은 그 다음이었다.

복음을 전하기 위해 깊은 산골, 바다 건너까지 아랑곳하지 않고 떠나기도 하고, 공부하느라 사례금을 온전히 학비로 쓰기도 해서 목회자의 가정은 경제적으로 어려울 수밖에 없다. 더군다나 예전에는 사모들이 따로 직업을 갖지 않고 남편과 함께 교회와 교인들을 돌보는 경우가 대부분이었다. 이렇다 할 경력도 없는 사모들을 기다리는 현실은 냉혹했다. 어느 사모가 혼자가 된 후 가사도우미 일을 하다가 그 집에서 나쁜 일을 당했다는 이야기를 듣고 김삼환 목사는 쿵 하고 머리를 세게 얻어맞은 느낌이 들었다고 했다. 그동안 왜 그분들을 돌보지 못했을까. 그는 하나님께 회개하고 기도했다. 자신이 마땅히 챙겼어야 하는 일이었다고.

하남에 명성복지관을 짓고 1995년에 홀로 되신 사모님과 자녀들이 첫 입주를 했다. 지금 있는 가나안의집은 2002년에 천호동에 신축하여 옮겨온 곳이다. 대궐 같은 곳은 아니지만 안락한 곳에 그 분들을 모시고 나니 그의 얼얼했던 마음이 조금 풀어지는 것 같았다. 그는 병상에 누워 있는 목회자들을 만나면 나를 보험이라고 생각하고 걱정 말고 사모를 보내라고 말하곤 했다. 그것이 남겨진 가족들을 걱정하느라 편히 눈을 감지도 못하는 그들에게 가장 큰 위안이라는 걸 알기 때문이었다. 실제로 남편이 목사님을 찾아가라고 유언을 했다면서 홀사모들이 그를 찾아오기도 했다. 그는 누군가 그에게 기대어 믿고 가족을 보낸다는 것에 감사했다.

복지관에는 전국 각지에서 온 홀사모와 그 자녀들이 있다. 김삼환 목사가 해양교회 전도사 시절에 교인이었던 집사와 친구 목사 사이에 중매를 섰던 적이 있는데, 그 친구 목사의 아내도 남편이 과로로 세상을 떠나 이곳에 와 있다. 또 다른 한 사모는 남편이 돌아가시고 기도 중에 전화번호 일곱 자리가 보여서 전화를 했는데, 그들이 이전에 사역했던 교회의 담임목사 사택으로 연결이 되었고, 그분이 이곳을 소개해 주어 오게 되었다.

"제가 처음 이 곳에 왔을 때 김삼환 목사님이 사모님과 함께 찾아 오셨어요. 제 손을 잡으시면서 '이곳에 와주셔서 너무나 감사합니다.'라고 하시는 거예요. 갈 곳 없던 저희에게 살 곳을 마련해주셨으니 저희가 감사해야 할 일인데, 오히려 목사님께서 이 좁은 곳에 와주셔서 너무나 감사하다고 하셨어요."

아이들이 6살, 9살 때 울산에서 올라왔던 사모도 있었다. 빨리 사택을 비워야 한다는 중압감에 혼란스러웠을 때 대구에서 목회하는 친한 목사님이 명성교회 출신이어서 이곳을 알려주셨다고 했다. 이 사모는 심지어 친동생이 명성교회에 다니고 있었는데 이 사역을 모르더라고 했다. 그도 그럴 것이, 명성교회가 하는 사역이 워낙 광범위했고, 또 김삼환 목사는 교회가 하고 있는 좋은 일들을 외부로는 물론 교인들에게조차 잘 알리지 않았기 때문이다. 그때 엄마를 따라 울산에서 서울로 온 아이는 지금 명성교회 전도사가 되었다. 장학관에서 공부하던 목회자 자녀들이 아버지가 돌아가시자 고향의 어머니를 복지관으로 모신 일도 있었다.

사모라는 이름표 때문에 선뜻 사람들 사이에 섞이지 못하는 사람들도 많았다. 김삼환 목사는 그런 분들을 잘 봐두었다가 일자리를 소개하기도 했다. 그가 홀사모와 자녀들에게 항상 하는 이야기가 있었다. "아무 걱정하지 마세요. 내가 목회하는 동안에는 절대로 여러분을 버리지 않습니다. 사모님들도 걱정하지 말고 어린아이들이 이탈되지 않도록 잘 키워 주세요. 내가 굶지 않게 먹여 살릴 테니 아이들이 주님의 자녀로 바르게 자라도록만 애써주시면 됩니다."

복지관의 홀사모들은 입을 모아 말한다.

"함께 사는 사모님들이 정말 든든한 울타리였어요. 눈물을 달고 사느라 도저히 어떻게 할 수 없을 때, 옆집에 가면 말로 다 하지 않아도 서로를 이해하는 거예요. 아이들도 같은 처지의 형, 누나들과 함께 지내면서 서로 위로받고 아빠의 부재를 자연스럽게 받아들였고요. 이곳 자체가 저희에게는 큰 울타리죠. 진짜 귀한 곳이구나 싶었어요. 감사합니다, 목사님."

가나안의집 복지관의 홀사모들은 다시 한 번 살아갈 용기
와 새로운 희망을 품게 되었다며, 김삼환 목사와 명성교회에
진심으로 감사를 전했다.

"저희들은 그저 감사한 것뿐입니다. 목사님께서는 늘 저희
에게 주시는 것이 부족하다고 미안해 하시는데, 저희에게는
여기가 천국입니다. 과부들이 사는데도 사방에서 철통같이
지켜주시니 저희는 마음 놓고 아이들 클 때까지 뒷바라지하
며 편안하게 살 수 있었어요. 하루하루 감사하며 살아갈 따름
입니다."

아이들은
그렇게 변화한다

청소년기 아이들에게 부모의 부재는 아픔일 수 있다. 부모가 있더라도 그 역할을 해주기 어려운 상황에 있는 등 여러 가지 사정들로 가정의 보호를 받지 못하는 아이들도 있다. 특히 가족과 함께 시간을 보내는 명절이 되면 이들의 외로움은 더욱 크게 느껴질 것이다. 김삼환 목사는 강서구 방화동에 있는 주영광교회가 위기 청소년 사역을 하고 있다는 이야기를 듣고, 2022년 추석에 아이들을 만나러 가기로 했다.

주영광교회는 원래 일반 성도들이 다니던 교회였다. 담임 목사인 임귀복 목사가 학교도 안 다니고 집에도 안 가는 청소년 아이들을 실에서 만나 사랑도 주고 믹을 짓도 주머 진도했더니 그 아이들이 하나둘 친구들을 데리고 왔다. 거리의 청소 년들이 오니 오히려 기존의 성도들은 교회를 다 떠나버렸다. 가정이 해체되거나 가정폭력으로 인해 부모의 돌봄을 받을 수 없는 아이들, 보육원에서 보호가 종료된 아이들, 소년원을 나온 아이들, 원치 않은 임신을 한 미혼모들이 돌봄의 사각지 대에 내몰려 이곳으로 왔다.

임 목사는 정신을 차려보니 어느새 이 사역을 하고 있더라 고 했다. 처음에는 갈 곳 없는 아이들이 교회에서 먹고 자고 했는데, 아이들만 교회에 두고 갈 수가 없어 임 목사도 집에 가지 못하고 아이들과 함께 교회에서 십 년 가까이를 지냈다 고 한다. 그렇게 2011년에 무료급식으로 시작했던 사역은 주 거, 의료, 교육, 법률, 심리 상담 등 아이들의 자립에 필요한 모 든 부분으로 확대되었고, 교회로서는 이 일들을 감당하기 어 려워 2022년에 사단법인 위키코리아를 설립하였다고 한다.

아이들의 이야기를 듣고 김삼환 목사는 주영광교회를 방 문하였다. 아이들은 그를 조용히 기다리고 있었다. 그러나 그 는 처음 만난 아이들이 낯설지 않고 반가웠다. 그곳에서 만난 청소년들은 이미 하나님을 믿는 하나님의 자녀로 살아가고 있었다. 그는 아이들 한 명 한 명과 눈을 맞추며 인사를 했다. 아이들이 혼자가 아니라는 것을 느낄 수 있도록 손을 꼭 잡아

주었다.

　이들은 어느새 가족이 되어 빙 둘러앉아 이야기를 나누었다. 할아버지가 옛날이야기를 해주듯 그는 아이들에게 방황했던 어린 시절 이야기를 들려주었다. 부모님 몰래 교과서를 팔아 국화빵을 사 먹은 이야기, 국화빵 장수를 하겠다고 집을 나갔던 이야기, 어머니에게 잡혀 다시 집으로 돌아온 이야기를 하자 아이들이 깔깔 웃었다. 근엄해 보이는 할아버지 목사님은 모범생이었을 줄로만 알았는데 그들과 다르지 않게 말썽을 피웠다고 하니 재미있어 했다.

　"괜찮다, 다 괜찮다. 문신해도 괜찮고 담배 피우고 술 먹고 그래도 다 괜찮다. 예수님만 잘 믿으면 된다. 교회만 오면 된다. 그러면 하나님께서 너희들과 함께하실 거다."

　어른들은 이 아이들을 판단하고 정죄한다. 그렇게 해서는 아이들이 달라지지 않는다. 이거 하지 마라, 저거 하지 말라는 이야기로는 그 어떤 것도 변화시킬 수 없다. 가뜩이나 어른들의 판단과 사회의 선입견으로 상처를 입은 아이들이었다. 그는 아이들과 눈을 마주치며 한 명 한 명에게 용돈을 주었다. 아이들은 어른에게 이렇게 큰 용돈을 받는 게 처음이라면서 웃음을 감추지 못했다. 그는 아이들이 소속감을 느끼고, 혼자가 아니라는 사실을 알았으면 했다. 지금 모습 그대로도 충분히 사랑받고 존중받아야 하는 존재라는 걸 깨닫기를 바랐다.

다음해 설 명절에 그는 아이들을 만나 세배를 받았다. 많이 해보지 않아 절하는 게 서툴러도 아이들이 사랑스러웠다. 그는 아이들에게 세뱃돈을 주면서 이런 말을 했다. "너희들 결혼할 사람을 만나거든 꼭 나에게 와라. 결혼식을 치러줄 테니." 아이들은 결혼은 아직 생각해본 적 없다면서 쑥스러워했다.

"목사님, 애들이 명절만 되면 집에 갔다가 화가 나서 돌아와요. 세뱃돈은커녕 온 집안이 다 싸워서 풍비박산이 나고, 아이들은 상처받은 채로 돌아와요. 목사님께서 이렇게 명절에 오셔서 아이들에게 용돈을 주시는 것은 돈 이상의 가치예요. 이 아이들 집에서 매 맞고 죽을 고비도 넘기고, 노숙도 하고, 굶기도 하고, 오토바이 타다가 사고도 나고, 병원도 가고, 경찰서도 가고 하는 아이들인데 목사님께서 나도 매를 많이 맞았다, 나도 많이 굶어봤다, 하시며 이 아이들의 아픔을 다 품어주셨잖아요. 아이들한테는 그게 하나님의 은혜죠. 이것은 돈으로 환산이 안 돼요. 이 아이들은 부모와의 관계, 선생님과의 관계, 친구들과의 관계가 깨어진 것으로부터 모든 고난이 왔어요. 돈보다 건물보다 귀한 '관계'라는 것을 김삼환 목사님께서 우리 아이들에게 주셨어요."

처음에는 받은 용돈을 바로바로 써버렸다는 아이들은 현

재 '자립통장'과 '해외선교통장'을 만들어서 용돈과 아르바이트로 번 돈을 모으고 있다고 했다. 언젠가 김삼환 목사가 아이들에게 나중에 해외 선교를 같이 가자고 이야기한 적이 있는데, 아이들이 기특하게도 그날을 위해 준비하고 있다는 것이었다.

김삼환 목사를 보면 멀리서부터 달려와 와락 안기는 한 아이가 있었다. 감옥에서부터 그에게 편지를 보내오던 아이다. 임 목사에게 "저 만 원만 주세요." 해서 주면, 그 돈으로 밖에 나가 도박을 하고 물건을 훔쳐다 팔고 한 달씩 안 들어오고 하다가, 나중에 보면 감옥에 들어가 있고 그랬던 아이다. 지금 이 아이는 주변에 힘든 친구가 있으면 '힘들면 월화수목금토일 예배를 드려봐. 성경을 읽어봐. 하나님이 안 만나주시나.' 라고 이야기하며 돈 없는 애들한테 자기 돈을 만 원씩 나눈다.

사람들이 묻는다. 아이들이 변하냐고. 임귀복 목사는 말한다. "낙태를 하던 아이들이 낙태를 하지 않고 생명을 낳아 키우는 게 변화죠. 그렇게 하라고 해도 안 하던 공부를 하는 게 변화고. 집도 안 가고 학교도 안 가는 애들이 교회에 와서 예배드리는 것, 그게 가장 크고 중요한 변화가 아닐까요?"

이렇게 한 사람 한 사람 보석같이 빛나는 아이들을, 교회가 아니라면 누가 도울 수 있을까? 임 목사는 국가의 보조를 받아 운영할 수도 있었지만, 그렇게 하면 결국에는 종교 활동이 제한되기 때문에 받지 않고 있다고 했다. 아이들을 예수 그리스도의 복음으로, 근본적으로 변화시켜야 하는데 돈 얼마가 아쉬워 복음 전하는 일을 포기할 수는 없었다.

이곳에 있는 여자아이들에게 화장품을 후원하는 회사도 있었다. 그러나 임신한 아이들이 낙태를 하지 않고 아이를 낳아 기르는 것이 여성인권신장에 반한다고 하여 후원이 끊겼다. 그뿐인가? 복지기관에 무료 소프트웨어를 제공하는 미국의 한 글로벌 기업은 주영광교회가 속한 교단이 동성애를 반대하는 것이 기업의 가치와 맞지 않는다는 이유로 소프트웨어를 제공하지 않았다고 한다.

그러니 이들이 믿을 곳은 교회뿐이다. 교회가 도와야 한다. 교회가 그들을 살리고, 먹이고, 입히는 일에 힘을 써야 한다. 그리고 그 무엇보다도 편견 없는 따뜻한 시선으로 그 아이들을 바라보고 관심을 가지고 관계를 만드는 것, 그것이 '네 이웃을 사랑하라'는 예수님의 말씀대로 살아가는 길이다. 이곳에서 살아가는 아이들이, 그리고 그들의 아이들이, 하나님의 은혜 안에서 안전하고 건강하게 자립하기를. 그리하여 그들도 남부럽지 않게 사회의 일원이 되어 나눔과 섬김을 실천하는 그리스도의 향기가 되기를 소망한다.

이윤보다는
선함을 기준으로

에티오피아 MCM에서 모바일 클리닉 현장 사진을 보내왔다. 모바일 클리닉은 도시에서 멀리 떨어져 이렇다 할 병원이 없어 진료를 받지 못하는 사람들에게 MCM 의료진들이 직접 찾아가는 무료 이동진료 서비스이다. 환하게 웃는 봉사자들과 불안과 안도가 뒤섞인 표정으로 차례를 기다리는 에티오피아 사람들의 얼굴이 찍힌 그 사진은 1909년에 세워진 안동성소병원 임시진료소 사진과 닮은 구석이 있다. 우리도 과거에는 미국 선교사들의 도움을 받는, 가난하고 가난한 나라였던 것이다.

안동성소병원은 경북 지역에 최초로 세워진 서양식 병원

으로 미국 북장로교 선교사인 닥터 플레처가 사택 마당에 천막을 치고 교회와 진료소를 열면서 시작되었다. 처음으로 안동에 서양 의술이 전래된 것이다. 천막을 쳐서 만든 임시진료소에 사람들이 구름떼처럼 몰려들었다. 초대 병원장 플레처 선교사와 2대 병원장 스미스 선교사 이후에도 수많은 선교사들의 노력이 있었다. 일제에 의해 병원이 강제 폐원되고 한국전쟁 당시에 건물이 폭파되었음에도 안동성소병원은 다시 일어섰다. 선교사들의 희생과 헌신으로 지켜낸 안동성소 병원은 경북북부지역 의료의 중심이자 선교의 중심이었던 것이다.

이후 우리나라도 경제성장이 이루어지고 내국인 의료진들이 양성되면서 경안노회가 재단법인을 설립하여 1968년에 미국 북장로교 안동선교부로부터 안동성소병원을 인수했고, 1981년에는 종합병원으로 인가를 받았다. 선교사들이 뿌린 씨앗이 무럭무럭 자라나 한 그루 큰 나무로 성장한 것이다.

성소병원과 김삼환 목사는 인연이 있다. 집에서 앓던 첫째 아이를 잃은 곳이 바로 안동성소병원이었다. 형편이 좋지 않아 치료시기를 놓치고 겨우 찾아간 병원에서 아이는 결국 하나님의 품으로 돌아갔다. 그때 병원에서 가난한 목회자인 그에게 손을 내밀어주어 그는 아이의 장례를 치를 수 있었다.

안동성소병원은 오랜 기간 어렵고 소외된 자들을 위해 일해 왔다. 어려운 사람들에게 무료 진료를 하고 무의촌을 방문하여 지역민들의 건강을 살피는 안동성소병원이 어려워졌다는 소식이 그에게 들려온 것은 1990년대 초반이었다. 노회는 종합병원에 대한 전문 경영지식과 인력이 부족했고, 안동성소병원은 이익보다 사람을 살리는 일에 집중해 왔으므로 수익구조나 체계적인 조직이 마련되지 않아 병원이 도산 위기에 처하게 된 것이다. 선교사가 세우고, 기독교 정신으로 80년 넘게 운영되어 온 병원을 이단에서 인수하려는 조짐까지 보이자 경안노회에서 김삼환 목사를 찾아왔다. 그의 은사인 안동교회 김기수 목사도 이 병원이 이렇게 넘어가서는 안 된다고, 명성교회가 성소병원을 맡아주었으면 좋겠다고 부탁하였다.

그는 그날의 기억이 떠올랐을 것이다. 아픈 아이를 데리고 황급히 뛰어 들어갔던 성소병원의 응급실. 의사들과 간호사들의 친절과 배려 덕에 걱정을 조금은 내려놓을 수 있었던 기억. '가난한 사람들을 위한 병원이 사라진다면 소외된 사람들은 이제 어디로 가야 할까? 그래, 성소병원을 살리는 것이 내가 해야 할 또 하나의 사역일 것이다.'

그는 수십 년간 이어온 의료선교의 전통과 수많은 환자들이 받아 온 사랑과 헌신의 역사가 사라지지 않도록 돕기로 했다. 겁도 없이 110억이나 되는 부채를 끌어안겠다고 나서는 그를 걱정하는 사람들도 있었다. 바보라는 소리도 들었지만 그는 개의치 않았다. 안동성소병원은 선교사들이 세운 그 자리를 지키고 서 있는 것만으로 의미가 되고 가치가 있는 공간이었다.

그는 의료선교의 정신을 계승하고 발전시키기 위해 안동성소 병원을 도와야 한다고 교회를 설득하는 데에 성공했다. 병원 인수 이후 안동성소병원은 점차적으로 회복되었다. 병원의 재정문제를 어떻게 해결할지 대책을 마련하고, 새로운 경영진과 의료진을 구성하여 의료 서비스의 질을 높이기 위한 다양한 프로그램을 도입했다. 병원의 낡은 시설을 보수하고 2005년, 2011년에 신관 2개동을 증축하였다. 다시 활기를 찾은 성소병원은 지역사회에 없어서는 안 될 의료기관으로 성장하여 현재 618개 병상과 23개 진료과를 보유하고 있다. 또한 미국 『뉴스위크』지에 3년 연속 한국 탑 100 병원으로 선정되었다.

중요한 것은 안동성소병원이 지역사회를 위해 헌신한다는 원래의 설립 취지로 돌아갈 수 있게 되었다는 점이다. 정기적으로 의료 취약지역을 방문하여 건강강좌와 무료진료를 함께 시행하며, 수해 지역을 방문하여 위문품을 전달하고 무료 진료를 실시하기도 하였다. 뿐만 아니라 병원 직원 전도회를 통해 국내 52개 미자립교회 지원과 에티오피아 명성의과대학에 장학금을 전달하는 등 활발한 선교활동도 펼치고 있다.

성소병원 직원들은 헌신적이며 훌륭한 인품을 지니고 있다. 간호사 중에는 남편이 목사인 사람들도 있고, 장로나 목회자들의 자녀들도 많이 있다. 성소병원의 역사가 오래되다 보니 성소병원에서 태어난 아이가 현재 병원 직원으로 일하는 경우도 많다고 한다. 모든 직원들이 교회에 다니는 것은 아니지만 그동안 병원에서 쌓아 온 예배와 기도로 인해 착하고 신실한 직원들이 모인 것 같다고 한다. 그 덕에 병원의 크고 작은 의사결정을 할 때에도 이윤보다는 기독교병원으로서의 '선함'을 기준으로 결정할 수 있게 되었다.

김삼환 목사가 바보 소리를 들으면서도 지켜낸 안동성소병원. 사람을 살리고 지역을 살리고 외로운 이웃의 영혼을 살리는 병원으로 거듭난 안동성소병원은 명성교회의 큰 자랑이다. 희망의 빛을 잃지 않고, 의료선교의 정신을 계승하며 앞으로 나아가고 있는 안동성소병원의 이야기는 계속될 것이다.

사람들의 마음에
씨앗을 심다

예수 그리스도는 굶주리는 사람들에게 먹을 것을 주셨다. 목마를 때 마시게 하였으며, 나그네가 되었을 때 영접하셨다. 예수님은 우리가 이웃을 어떻게 대해야 하는지를 행함으로 보여주셨다. 이웃에게 한 일이 곧 그리스도에게 한 일이라는 예수님의 말씀은 기독교인들이 잊어서는 안 되는 말씀이다. 우리는 서로의 짐을 나누며 그리스도의 사랑을 실천해야 한다. '사랑의 쌀독'은 이러한 예수님의 가르침을 실천하고자 만들어졌다.

국민소득이 높아지고 대한민국은 이전보다 잘살게 되었다. 다양해진 식문화로 쌀 소비도 줄어 쌀이 오히려 남아돈다는데, 그럼에도 여전히 쌀이 없어 굶주리는 이웃들은 존재한다. 다 같이 가난하고 다 같이 못 먹던 시절에는 가난이 나만의 곤궁이 아니었다. 서로 힘을 합쳐 다 함께 가난을 벗어나려고 노력했다. 먹을 것이 생기면 나누어 먹는 것이 인지상정이었다. 옆에서 굶고 있는 걸 뻔히 알면서도 외면하고 자기 식구들 입에만 넣어주는 사람은 그리 많지 않았다. 돈은 없지만 인정이 넘치던 시대였다.

21세기 대한민국에서 굶주림은 사라진 단어가 되었다. 다들 '보릿고개' 시절이 먼 옛날의 이야기라고 생각한다. 그러나 단어가 사라졌다고 해서 그 실체도 사라진 것은 아니다. 요즘 세상에 굶는 사람이 어디 있느냐고? 눈에 보이는 곳이 찬란하고 화려해질수록 보이지 않는 곳은 더욱 캄캄해졌다. 경제적 어려움으로 식사 한 끼를 해결하기조차 힘든 이웃들이 아직도 있다. 후원금 모금 광고나 방송에만 나오는 이야기가 아니라, 명성교회 안에도 배고픈 사람들이 있다.

2013년 김삼환 목사와 명성교회는 당장 우리 주변의 굶주린 이웃들을 즉각적이고도 현실적으로 도와줄 방법을 고민했다. 우리 안에 있는, 또 주변에 있는 어려운 사람들에게 그들의 자존심이 상하지 않도록 필요한 것을 줄 수 있는 방법이 무엇이 있을까 하다가 옛날 우리네 쌀독 이야기가 나왔다.

예전부터 쌀독에 쌀이 있다는 건 풍요를 상징했다. 지금도 쌀독에 쌀이 가득 있으면 든든한 마음이 든다. 그렇다면 교회에 마르지 않는 쌀독을 놓는 건 어떨까. 형편이 어려운 사람이라면 누구든 쌀을 마음껏 퍼갈 수 있는, 쌀이 꽉 채워진 쌀독이 있다면? 내 집의 쌀독이 비더라도 교회에 쌀독이 있다는 사실은 사람들에게 안도감을 줄 것이다. 쌀이 필요한 사람은 필요한 만큼 가져가고, 나눌 수 있는 사람이 쌀독을 다시 채운다. 이렇게 가져가고 채우는 선순환을 쌀독을 통해서 이루어낼 수 있을 것이었다.

전래동화 〈의좋은 형제〉에서 추수를 끝낸 형제는 밤이면 서로의 집에 볏단을 쌓아 놓았다. 형님은 아우를 생각해서, 아우는 형님을 생각해서였다. 분명 형의 집에 볏단을 두고 왔는데 집 앞에 볏단이 그대로 있어서 이상했던 아우, 동생 집에 놓고 왔는데 집에 돌아오니 그만큼의 볏단이 놓여 있어 놀랐던 형님. 서로를 위하는 마음으로 형제는 환한 달빛을 밟으며 서로의 집을 오고갔다. 마르지 않는 쌀독은 이처럼 아름다운 풍경을 비밀스럽게 담아둘 것이었다.

프로젝트 이름은 '이삭 나눔'이었다. 추수 때에 가난한 자들과 나그네를 위하여 밭의 구석진 곳까지 곡식을 베지 말며, 떨어진 이삭도 줍지 말라는 성경 말씀에서 착안했다. 남의 눈을 의식하지 않고도 쌀을 가지러 드나들 수 있도록 동선도 세심하게 구상했다. 그리하여 교회 구성전 지하 1층에 쌀독을 두기로 했다. 그곳은 건물 옆으로 난 문을 통해 누구나 자유롭게 드나들 수 있는 곳으로 쌀독을 두기에 최적의 장소였다. '사랑의 쌀독'을 통해 명성교회 성도들과 이웃들은 어려운 시기를 함께 이겨내는 방법을 배울 수 있었다. 아이들에게도 그것은 살아있는 교육이었다. 우리는 서로에게 희망의 등불이 되었고, 교회는 사랑이 넘치는 공동체로 거듭났다.

'이삭나눔 사랑의 쌀독' 개소식 날 두 개의 쌀독이 나란히 놓였다. 하나는 기부하는 쌀독, 하나는 퍼가는 쌀독이었다. 김삼환 목사가 먼저 기부 쌀독에 쌀을 부었다. '촤르르르……' 빈 쌀독에 쌀이 쏟아지는 소리가 경쾌했다. 그는 이렇게 말했다. "요즘 경기가 좋지 않아서 생활이 어려운 성도들이 많습니다. 다른 것은 부족해도 견딜 수 있지만 먹는 것만큼은 부족하면 안 되겠지요. 끼니를 걱정하며 굶는 성도들이 없도록 사랑의 쌀독을 준비했습니다. 쌀이 필요한 성도들이 언제든지 이곳에 와서 마음껏 가져갈 수 있도록 부족함 없이 준비하겠습니다."

그로부터 지금까지 총 22톤의 쌀이 쌀독에 쏟아졌다. 누군가의 밥상에 따뜻한 밥이 되어 올랐으리라. 오늘도 명성교회 성도들은 목마른 나그네에게 물을 주고 그를 대접했던 예수님을 닮아가기 위해 노력한다. 이웃에게 따뜻한 밥 한 끼를 대접하려는 작지만 귀한 마음이 쌀독에 차곡차곡 쌓이고 있다.

어른들에게 쌀독이 있다면, 아이들에게는 '옥합'이 있다. 찬바람이 불어오기 시작하면 곧 성탄절이 다가온다는 생각에 아이들은 마음이 설렌다. 예수님이 태어나신 날. 기독교인에게 이날만큼 기쁘고 행복한 날이 또 있을까? 이 시즌에는 어른은 어른대로, 아이들은 아이들대로 남녀노소 모두가 들떠서 지낸다. 특히 아이들은 크리스마스 선물을 받을 생각에 몇 주 전부터 기도 내용이 달라진다. '하나님, 엄마 아빠 말씀도 잘 듣고 공부도 열심히 하겠습니다.'라고 하며 그동안 가지고 싶었던 것들을 갖게 해달라고 간절하게 기도한다.

해마다 성탄절 즈음 명성교회는 '옥합 깨뜨려 드리기' 행사를 한다. 2004년에 시작되었으니 벌써 20여 년이 되었다. '옥합 깨뜨려 드리기'는 교회학교 아이들이 1년 동안 모은 용돈을 사랑하는 이웃을 위해 내어주는 행사이다. 유치학교에서부터 고등부에 이르기까지 만여 명의 학생들과 교사들이 한 해 동안 '옥합' 저금통에 정성껏 동전을 모으고, 그것을 깨뜨려 내어줌으로써 이웃 사랑과 섬김, 헌신을 배우는 시간이다. 사고 싶은 것, 먹고 싶은 것을 꾹 참고 동전 하나라도 아껴서 마음을 전하는 것이 쉬운 일은 아닐 것이다.

아이들의 마음에는 이미 사랑이 가득하다. 그러나 그 마음을 어떻게 표현해야 하는지는 잘 모른다. 그러므로 우리는 다음 세대 어린이들에게 나눔과 봉사의 의미를 가르쳐야 한다. 자신이 세상에 긍정적인 영향을 미칠 수 있다는 것을 아는 사람은 올바른 삶의 방향으로 나아갈 수밖에 없다. 또 누군가의 아픔과 슬픔을 이해하면서 상대를 존중하는 법을 배우고 세상에 소금이 되는 삶이 무엇인지 깨닫는다. 어린이들에게 나눔과 봉사를 가르치는 것은 그들의 마음에 씨앗을 심는 것과 같다. 그 씨앗이 자라나면, 언젠가 그들은 세상의 변화를 이끌어갈 힘을 가지게 될 것이다. 나누는 기쁨과 봉사의 소중함을 깨달은 어린이들은 자라서도 계속해서 사랑을 전하고, 어려운 사람들을 돕는 삶을 살 것이다.

김삼환 목사는 '옥합 깨뜨려 드리기' 행사를 할 때면 마이크를 들고 아이들이 자신의 이름을 말할 수 있도록 한다. 앞으로 나오는 아이들의 발걸음은 씩씩하고 당당하다. 그들은 자신이 하는 일이 옳은 일이라는 것을 알고 있다. 자신의 행동이 다른 사람들에게 행복과 기쁨을 가져다준다는 것을 알고 있다. 선물을 내놓으라고 떼를 쓰기만 하는, 아무것도 모르는 어린이들이라기에는 그 눈빛과 말투와 걸음걸이가 반

듯하고 늠름하다.

충남 서산에서 주일마다 새벽 5시에 일어나 부모님, 누나와 함께 예배에 한 번도 결석하지 않은 어린이, 아직 믿지 않는 아빠를 위해 기도하는 어린이, 주보를 만들어 가족 예배를 드리게 해주셔서 하나님께 감사하다는 어린이, 목사님의 기도로 병이 완치되어 이제 아픈 사람을 돕고 싶다는 어린이, 새벽 예배에 온 가족이 개근하고 있다는 어린이, 왕복 4시간 원거리를 빠지지 않고 출석하는 학생……. 매년 수많은 어린이와 학생들이 '옥합 깨뜨려 드리기' 행사에 동참하고 있다.

모금액은 전액 불우이웃돕기와 장학금, 해외 선교지 돕기 등으로 사용되고 있다. 나눔과 봉사는 세상을 더 밝고 아름답게 만드는 힘이 있다. 어린이들에게 나눔과 봉사의 의미를 가르치는 것은 아이들의 미래를 밝히는 길이다. 나눔과 봉사는 사랑의 언어이다. 아이들에게 먼저 가르쳐야 할 것은 영어, 제2외국어가 아니라 바로 이 사랑의 언어라고, 김삼환 목사는 생각한다.

온유의
기적

온유는 건강한 아이였다. 교회를 열심히 다니며 늘 밝고 명랑했던 소녀였다. 중학생이 되었을 때 키가 훌쩍 자란 온유는 매일 친구들과 뛰어다녔다. 그러던 어느 날이었다. 온유가 감기에 걸렸는데 기침이 심해지기만 하고 도무지 낫지를 않았다. 온유 어머니는 아이를 데리고 병원에 갔다. 소리가 심상치 않다고 해서 엑스레이 촬영을 했더니 왼쪽 폐 아래쪽에 하얀 것이 보였다. 의사는 폐에 물이 찬 것 같다면서 큰 병원에 가보라고 했다. 온유와 엄마는 의사의 소견서를 들고 종합병원으로 갔다.

그때만 해도 단순한 감기가 생각보다 좀 귀찮게 한다고만 생각했다. 그즈음엔 기침도 잦아들었고 다른 증상이 없어서, 그저 엑스레이에 뭐가 나왔으니 찝찝하게 두지 말고 제대로 확인이나 해보자는 생각이었다. 병원에서 진료를 받고 폐에 찬 물이 무엇인지 확인하기 위해 여러 가지 검사를 받았다. 의사는 검사 결과는 모든 것이 정상인데 이상하다며 고개를 갸웃했다. 결핵성 늑막염의 가능성이 높으니 일단 결핵약을 복용하며 지켜보자고 했다. 독한 결핵약을 처방받은 온유는 매일 아침 한주먹이나 되는 약을 9개월 동안 먹었다. 그러나 아무런 효과가 없었다. 결국 결핵이 아닌 것으로 밝혀졌다.

얼마 후 외래 진료에서 가슴에 종양이 발견됐다고 했다. 간단한 수술로 제거하면 된다는 말에 모든 게 깨끗해질 것이라는 희망으로 수술을 받아들였다. 막상 가슴을 열었는데 종양은 없었다. 오진이었다. 의료진은 이왕 가슴을 열었으니 물이 차지 않도록 공간을 없애는 수술을 하자고 했다. 의료진의 의견을 받아들여 수술한 이후, 온유는 호흡 곤란과 통증 등의 후유증을 겪었다. 수술 1년 후 재수술이 진행됐다. 유착시킨 폐를 다시 떼어내고 인공뼈를 이용하여 흉곽 재건 수술을 했다. 그러나 결과적으로 좋은 선택이 아니었다. 온유의 상태는 더 나빠졌다. 중환자실에서 생사를 오가기를 여러 차례, 인공뼈를 제거한 후에야 상태가 나아졌지만 온유의 갈비뼈는 사라

저버렸다. 흉곽이 없는 온유는 호흡을 제대로 할 수 없게 되었다. 심장은 척추 쪽으로, 장기들은 옆구리 쪽으로 제멋대로 자리를 잡았다. 169센티였던 온유의 키는 160센티가 되었다.

그렇게 건강하던 온유는 혼자서는 숨을 쉴 수 없는 사람이 되었다. 기계를 통해 산소를 공급받아야 호흡이 가능했다. 김삼환 목사는 온유의 병실을 자주 찾았다. 중환자실에 있는 내내 극동방송이 큰 위로가 됐다는 아이는 총명해 보였다. 그가 병문안을 올 때마다 온유는 환하게 웃으며 좋아했다. 그는 온유의 손을 잡고 기도했다. 이 어린 생명이 더 이상 고통받지 않도록 기적을 보여 달라고. 바쁜 새벽집회 기간에도 짬을 내어 온유를 만나러 가서 함께 기도했다. 온유가 있는 병원에 심방을 갈 일이 있을 때면 온유에게도 꼭 들렀다. 그러나 기적을 기다리는 가족들에게 안타까운 소식이 들려 왔다. 2008년 9월부터 상태가 악화된 것이다. 온유의 폐는 기능을 상실했고, 더 이상 기계로도 호흡을 할 수 없게 되었다. 24시간 내내 '앰브'라는 기구를 사람의 손으로 눌러서 숨을 불어넣어야 한다고 했다.

그런데 기적이 일어났다. 명성교회 청년대학부원들을 중심으로 '릴레이 온유 앰브' 봉사가 시작된 것이다. 명성교회 청년들은 온유의 폐가 되어 24시간 쉼 없이 앰브를 눌렀다.

온유를 살리면서 본인들도 기적을 경험했다는 청년들의 이야기가 들려왔다. 도움을 주러 갔는데 오히려 더 큰 위로를 받고 왔다는 것이었다.

김삼환 목사는 온유에게 편지를 썼다. "사랑하는 온유에게. 성탄절도 지나고 또 새해가 다가오고 있구나. 하루도 어려운데 얼마나 고생하니. 한 순간 한 순간 주님께서 동행하실 줄 믿는다. 하나님께서 너와 항상 함께 하신다. 온 성도가 너를 위해 기도한단다. 사랑한다."

온유는 병상에서 쓴 책을 출간하는 등 자신과 청년들의 이야기를 세상에 적극적으로 알렸다. 숨쉬는 것이 얼마나 행복한 일인지, 하나님께 감사해야 하는 일인지를 우리 모두에게 전하고 있다. 온유는 "아픔이 생기고 나서 가족끼리 사랑도 더 깊어지고, 더 기도하게 되고, 무뚝뚝하시던 아빠도 많이 달라지셨으니 하나님께 감사해요."라고 말한다.

믿음의 가정에서 자란 온유의 소망은 선교사가 되는 것이었다. 온유는 이미 자신의 귀한 숨으로, 삶으로 선교하고 있다. 온유 덕분에 명성의 청년들은 시간과 정성을 나누며 봉사하는 삶을 경험할 수 있었다. 이 작은 씨앗 같은 경험들은 많은 이들에게 커다란 사랑의 열매가 되어 나누어질 것이다.

당신들은
혼자가 아닙니다

　　명성교회는 그동안 탈북민 지원 사역을 해 오고 있었다. 김삼환 목사는 항상 남북관계 및 통일 문제를 풀어 나갈 때 기독교적인 접근이 필요하다고 생각했다. 남북한은 같은 민족이지만 오랫동안 떨어져 살았다. 생활양식도 이제는 많이 달라졌고, 사고방식도 완전히 다르다. 그야말로 언어만 통하는 외국이나 마찬가지다. 이렇게 된 사람들이 다시 모여서 살기 위해서는 서로 양보하고 이해하며 화합하는 마음이 필요하다. 이러한 것들은 기독교인이라면 누구나 말씀으로 듣고 배우며 실천하려 하는 삶의 태도이다. 남북의 갈등과 분열, 탈북민 정착 등의 문제에 교계가 함께 한다면 남북통일 그 이후에도 큰 도움이 될 것이다.

명성교회는 오래전부터 탈북민 지원사업을 시작하여, 탈북민들이 대한민국 사회에 잘 적응할 수 있도록 매년 결연행사를 진행하고 있다. 자유를 찾아 목숨을 걸고 고향을 떠나 이곳으로 온 사람들에게 마음의 안식처를 주기 위해, 고향 땅의 가족 친척은 떠났지만 주님 품에서 모두가 형제자매처럼 서로를 사랑하며 지낼 수 있도록 하기 위해 노력한다.

탈북민 정착 결연행사는 명성교회 통일준비위원회가 주최하고 있다. 통일준비위원회 봉사자들과 탈북민 동행 봉사자들이 직접 역 앞까지 나가 그들을 반갑게 맞이한다. 오랜만에 만나는 반가운 가족을 대하듯 웃는 얼굴로 만나 교회까지 함께 온다. 낯선 땅에 발을 내디뎠을 때 그들이 겪는 어려움과 외로움은 다 헤아릴 수 없다. 그들의 눈빛 속에는 두려움과 불안이 가득하다. 힘들게 우리 곁으로 온 그들에게 현실의 냉혹함이 아닌 마음의 온기를 전해주기 위해, 봉사자들은 진심을 다해 섬기는 마음으로 그들과 마주한다.

김삼환 목사는 탈북민들에게 필요한 물질적 지원도 중요하지만 그 이전에 사랑과 이해, 그리고 '우리'라는 소속감을 먼저 전해주어야 한다고 말한다. 명성교회 통일준비위원회에는 탈북성도들도 포함되어 있다. 그들은 잔뜩 긴장하고 있는 탈북민들에게 이곳에 와 하나님을 알게 되면서 달라진 세상에 대해 이야기해준다. 먼저 온 사람들이 전하는 신앙의 경험은 낯선 환경과 마주한 탈북민들에게 깊은 감동으로 다가간다.

탈북민들은 저마다 다른 이유와 배경으로 고향을 등졌으나, 그 꿈은 하나이다. 자유롭게 살고 싶다는 것. 자유로운 삶에 대한 기대와 희망이 계속되도록 통일준비위원회 봉사자들을 비롯한 교회 구성원 모두가 최선을 다해 그들을 섬기고 그들을 위해 기도한다. 그들과 대화를 나누며 그들의 이야기에 귀 기울인다.

행사가 시작되면 김삼환 목사는 말한다. "우리는 여러분이 이곳에서 새로운 시작을 할 수 있도록 함께 할 것입니다. 여러분은 결코 혼자가 아닙니다." 다른 무엇이 필요하겠는가. 당신들이 혼자가 아니라는 것, 우리가 항상 곁에 있겠다는 것을 알려주는 것이 가장 중요하다. 그것이 가장 큰 위로이다.

이 외에도 명성교회는 탈북민 정착지원 사역을 하고 있는 기독교 단체에 '탈북민 수감자 영치금' 목적 후원을 하고 있다. 자유를 찾아 떠났지만 낯선 환경에 적응하지 못하고 잘못된 선택을 하여 감옥에 간 탈북민들이 적지 않다고 한다. 나무도 땅을 옮겨 심으면 다시 뿌리를 내리고 살아나는 것이 쉽지 않은데, 하물며 사람은 어떠랴. 부드러운 산들바람도 그들에게는 거센 태풍으로 느껴졌을 것이다.

낯선 땅에 피붙이도 친구도 없는 그들에게는 영치금을 넣어줄 사람이 없다는 이야기를 들은 김삼환 목사는 그들을 도와야겠다 마음먹고 탈북민 정착지원 단체의 사역과 탈북민 수감자 현황을 확인했다. 생각보다 많은 사람들이 전국 교도소에 나뉘어 수감되어 있었다. 오로지 자유만을 위해 모든 걸 버리고 온 사람들이 아이러니하게도 자유마저 빼앗겼다. 그들에게 도움의 손길이 절실했다.

자유를 찾아 내려온 모든 사람들이 비옥한 자유의 토양에 다시 뿌리를 깊이 내리고 살아가기를. 한 순간의 잘못된 선택으로 수감된 탈북민들도 하루빨리 자유를 되찾아 소중하게 쓰기를. 우리의 나눔으로 그들이 처음 꾸었던 꿈을 되새기며 행복한 인생을 만들 수 있기를 기도한다.

이주민을 위한
디아스포라 사역

1990년대 후반, 우리나라에도 이주 노동자들이 급격히 늘어나기 시작했다. 우리나라가 가난할 때 수많은 사람들이 아메리칸 드림을 품고 미국으로 갔던 것이 바로 얼마 전이었던 것 같은데, 이제는 코리안 드림을 가지고 우리나라로 오는 분들이 있다는 것은 기적처럼 느껴진다. 일제강점기와 전쟁을 겪으며 세상에서 가장 가난하고 비참한 나라가 되었던 대한민국이, 눈부신 경제성장을 이루며 누군가의 꿈이 된 것이다. 잘살기 위해 악착같이 노력한다고 해서 모든 나라가 성공한 것은 아닐 텐데, 이것이야말로 하나님의 은혜가 아닐 수 없다. 그렇다면 우리가 해야 할 일은 하나님께 받은 은혜와 복을 다시 나누는 것, 가족들과 떨어져 낯선 땅에 와서 고생하고 있는 사람들을 돌보고 그들의 영혼을 구원하는 것이 아닐까. 복음이 없는 땅에서 예수님을 모르는 채로 살아가던 사람들이 제 발로 이 먼 곳까지 왔는데, 이들에게 복음을 전하는 것 또한 우리의 사명이 아닐까.

김삼환 목사는 일단 명성교회 성도들과 함께 외국인들이 많이 있는 공단에 가서 복음을 전했다. 불교권이나 이슬람권 국가에서 온 분들이 대부분이라, 예수의 '예' 자도 들어보지 못한 사람들이 태반이었고, 가끔 자기 나라에 온 선교사에게서 예수님에 대해 들어본 적이 있다는 사람들이 가뭄에 콩 나듯 있었다. 말도 안 통하는 낯선 나라에서 부족한 의식주 환경과 아파도 병원에 가기 어려운 상황 등, 그분들이 겪고 있는 어려움을 먼저 알고 다가가 도와주면서 한 분 두 분 교회로 인도했다. 그리고 그 나라 언어로 설교를 통역할 수 있는 교인들의 봉사로 함께 예배를 드리고, 국가별로 따로 모임도 가지며 말씀으로 양육하였다.

3, 4년간을 그렇게 하다가 2000년이 되면서 이 분들을 위해 '디아스포라Diaspora'라는 부서를 만들었다. 디아스포라는 헬라어로 '흩어짐'을 의미한다. 원래는 고향을 떠나 전 세계에 흩어진 유대인을 지칭하는 용어였지만, 오늘날에는 경제

적, 신앙적, 정치적 이유로 조국을 떠난 이주민들을 포함하여 더 넓은 의미로 사용되고 있는 단어이다. 고향을 떠나 흩어져 살아가는 이주민들에게 더 체계적인, 그리고 더 실질적인 도움을 주기 위해, 각 나라 언어를 할 줄 아는 사람들로 담당 교역자들을 세워 디아스포라부를 더욱 체계적으로 발전시켰다. 현재 러시아, 몽골, 베트남, 인도네시아, 중국, 캄보디아, 태국 등 7개국에서 온 외국인 성도들이 국가별로 예배를 드리며 모국의 언어로 말씀과 찬양, 성경공부를 나누고 있다. 또한 한국에 오랫동안 거주하던 이들이 결혼을 하고 아이를 낳는 사례가 많아져, 일 년에 한 번씩 이 분들을 위해 교회에서 합동결혼식을 열어주고, 아이들을 위한 디아스포라 어린이부와 청소년부도 운영하고 있다.

이분들의 삶은 팍팍할지언정, 이주민 한 사람 한 사람 모두 하나님께서 창조하고 사랑하시는 소중한 존재라는 것을 일깨워주는 것에서 디아스포라부의 미션은 시작된다. 최근에는 아가페재단을 통하여 다문화가정 아이들로 이루어진 합창단 유스콰이어를 발족하였다. 아이들의 자존감을 키워주며 달란트를 계발하고 무엇보다도 믿음으로 양육하기 위해 합창단을 만들었다. 학교와 사회에서는 비주류로 여겨지는 아이들도 이곳에 오면 모두가 주인공이 될 수 있다. 떨어뜨리는 아이는 없지만 오디션도 꼭 보게 한다. 오디션을 통과했다는 자부심을 심어주기 위해서다. 아이들은 재단 건물에서 정기적으로 연습도 하고 합창 발표회를 통해 자신이 이 삶의 주인공이라는 것을 깨닫는다.

이처럼 디아스포라부는 외국인 성도들로 하여금 스스로가 소중한 존재임을 일깨우고, 그들의 삶에 사랑과 희망, 그리고 믿음을 심어주기 위해 애쓰고 있다. 200여 명의 외국인 성도들과 다문화가정을 섬기는 데에 8명의 교역자와 80여 명의 봉사자들이 헌신하고 있다. 경기도 광주, 곤지암, 이천, 여주, 충북 음성 등 공장지대 근처에 살고 있는 외국인 성도들을 주일마다 교회로 데리고 오기 위해 봉사자들은 오전 8시부터 고속도로에 오른다. 외국인 성도들이 모두 통역기를 착용하고 주일 낮 예배에 참석하고, 대식당에서 점심식사를 나누고, 국가별로 모임을 한 뒤 집에 돌아갈 때까지 눈에 보이지 않는 곳에서 하루 종일 헌신하는 봉사자들이 있기에 이 모든 일들이 가능하다.

외국인 성도들이 낯선 땅에서 교회라는 공통분모로 만나, 내 나라에서 온 같은 언어를 쓰는 사람들과 실컷 이야기를 나누는 시간은 정말이지 꿀맛 같을 것이다. 설날과 추석에는 고향에 가지 못하고 타국에서 쓸쓸히 명절을 보낼 외국인 성도들을 위한 행사를 연다. 푸짐한 명절 선물은 덤이다. 또 한 달에 한 번씩 안과 및 내과 진료를 실시하고 있다. 이 또한 명성의료선교회 교인들의 봉사로 이루어진다. 병원에 갈 시간도 여유도 없는 외국인 성도들이 안심하고 이 땅에서 살아갈 수 있도록 1년에 한 번씩 건강검진도 무료로 해주고 있다. 명성의료선교회 의료진 60여 명이 이를 위해 봉사하고 있으며 한국국제보건의료재단, 안동성소병원에서도 검진버스와 의료진을 지원하고 있다. 검진 과별로 접수, 통역, 안내 등은 내국인 봉사자 90여 명이 맡고 있다. 내과, 이비인후과, 산부인과, 치과, 안과, 한방과 진료와 함께 흉부 엑스레이 촬영, 초음파 촬영, 도수치료, 혈액검사, 소변검사 등을 실시했고, 후속 조치가 필요한 경우 교인들의 병원에서 연계된 치료를 받게 했다.

타국 생활 중에는 아플 때가 가장 서럽다는데, 교회가 이분들에게 '믿는 구석'이 되어 주기를. 또한 꿈을 안고 이곳에 온 형제자매들이 하나님을 알고 기쁨과 자유를 누리며, 낯선 땅에서 외로움과 서러움 대신 따뜻함을 느낄 수 있도록 교회가 새로운 가족이 되어 주기를 소망한다.

우리의 나눔이
지구 반대편에 닿기를

        세계 최대 열대우림 아마존에 살고 있는 바나와 부족은 전 세계에서 가장 인구가 적은 부족이다. 명성교회에서 파송한 강명관 선교사와 심순주 선교사는 100명 남짓한 바나와 부족에게 복음을 전하기 위해 아마존 밀림으로 들어갔다. 강명관 선교사는 고등학교 국어교사였다. 그는 이 지구에는 자신들의 고유한 언어를 사용하지만 '말'만 있고 '글'이 없어 성경책을 번역할 수도, 읽을 수도 없는 사람들이 많다는 사실을 알게 되었다. 그는 아마존 오지에 있는 형제자매들이 성경을 통해 하나님을 알고 자신과 같은 은혜를 받기를 바랐다.

1999년 강 선교사가 김삼환 목사를 찾아갔을 때, 전기도 전화도 없는 그 어려운 곳으로 꼭 가야 하느냐고 묻자 강 선교사는 눈을 빛내며 "가장 젊은 시기를 주님께 드려야겠다는 각오로 가려고 합니다."라고 답했다. 그렇게 강 선교사는 우리나라 면적의 80배는 되는 브라질, 그 중에서도 세계 최대의 열대우림 아마존으로 들어갔다.

강명관 선교사가 선교사역을 하고 있는 바나와 족은 아마존 정글에서도 아주 깊은 삐라냐 강 인근에서 살아간다. 열매를 따 먹거나 사냥을 하고, 강에서 삐라냐 낚시를 하며 사는 부족이다. 이들이 사는 곳은 아마존 소도시에서도 경비행기를 타고 1시간 30분을 더 들어가서는, 또다시 배를 타고 나흘을 들어가야 하는 곳이었다. 40도에 육박하는 기온과, 습도가 85%가 넘는 환경 속에서 강 선교사는 늘 감사하는 마음과 웃는 얼굴로 지냈다.

그는 문자언어가 없는 바나와 족을 위해 문자 체계를 만들고 성경을 그들의 말로 옮기려고 마음먹었다. 그래야만 그들이 선교사나 외부의 도움이 없이도 자생적으로 복음을 가까이 하며 하나님의 자녀로 살아갈 수 있다고 생각했다.

문자가 존재하지 않는 언어의 성경 번역은 보통 그 언어를 먼저 익힌 다음, 문자 체계를 만들고 사전과 문법을 만들면서 번역을 하기 때문에 대개는 30년에서 40년이 걸린다고 한다. 김삼환 목사는 지원을 충분히 할 테니 새로운 세상에 성경을 만드는 일을 제대로 해보라고 격려했다.

강 선교사는 그들의 말을 표기할 수 있는 문자 체계를 만들기 위해 더 깊숙하게 그들의 삶 속으로 들어갔다. 주일에는 교회에 모여 예배를 드리고, 인디오들에게 옷을 나누어주고, 아픈 곳을 치료하며 공부를 시켰다. 그러는 틈틈이 바나와 부족의 말을 익혔다. 그래야 그들의 언어를 문자화할 수 있고, 성경 번역도 가능해지기 때문이었다. 강 선교사는 그들과 같이 살면서 해가 뜨면 강에서 낚시를 하고, 정글에 들어가 사냥을 했다. 그렇게 아마존에 적응하면서 마음을 나누고 언어를 배우며 삶으로 복음을 전했다. 벌레와 싸우고 무더위를 견디며 손짓 발짓으로 새로운 언어를 배웠다. 문자가 없으니 교재가 있을 리도 만무했다.

"다시 어린 아이로 돌아간 것 같았어요. 아무것도 모르고 단지 그들이 하는 말을 따라해야만 했습니다."

실체가 있는 단어를 표현하는 것은 그나마 쉬운 편이었다. 예를 들어, 바나와 족들이 살고 있는 곳에는 양¥이 없다. 그런데 성경에는 양이 얼마나 많이 등장하는가. 강 선교사는 양을 가르치기 위해 시내에서 양을 사서 경비행기에 태워서 데리고 갔다. 이 새로운 동물이 바로 양이라는 것을 알려주면서 세상 죄를 지고 가는 어린 양 예수님을 설명하기도 했다. 양이라는 말이 그들의 언어로 존재하지 않으니 새로운 말을 만들어야 했다. 브라질 공용어인 포르투갈어로 '까네이루'가 어떻겠냐고 제안했더니 바나와 사람들은 강 선교사가 양을 가리키며 계속 '양', '양' 했었고 양의 울음소리도 '양~양~' 하고 우니 그대로 '양'이 어떻겠냐고 하여, 결국 바나와 어로 양은 '양'이 되었다고 한다.

양은 사오기라도 했지, 추상명사는 더 어려웠다. 그들의 언어에 존재하지 않는 추상명사들이 꽤 많았는데, 이것들은 가르치기도 설명하기도 어려웠다. '거룩'에 해당하는 바나와 어 명사가 없어 '아름답고 더러운 것이 전혀 없음'으로 번역하였고, '영광'은 '하나님의 밝고 아름다운 것'으로 번역하였다. '용서'는 성경에서 아주 중요한 단어인데, 그 개념을 그들의 문화 속에서 찾아내기 위해 옆 사람의 발을 밟은 다음, 이럴 때는 어떻게 말해야 하냐고 물었더니 '네가 잘못한 것을 내가 잊어준다. 기억하지 않을게'라고 했다. 그들에게 '용서'라는 것은 남이 나에게 잘못한 것을 잊는다, 기억하지 않는다는 개념인 것이었다. 강 선교사는 그들로부터 하나님의 용서를 깨달았다고 했다. 하나님은 우리의 죄를 용서하시고 기억하지 않으신다! 이것은 바나와 인디오들이 그에게 가르쳐준 하나님의 용서인 것이었다.

강명관 선교사에 의하면 인디오들은 라틴계보다 아시아계 혈통에 가깝고, 언어도 우리와 비슷한 구조를 가지고 있다고 한다. 강 선교사는 일단 찬양집을 만들었다. 익히기 쉬운 한글을 그들의 문자로 사용할 수도 있었지만, 바나와 족 아이들이 자라서 아마존 밖으로 나가거나 더 큰 세상에서 공부할 가능성을 고려한다면, 알파벳을 사용하는 것이 장기적으로 그들에게 더 도움이 될 것이었다. 곧이어 성경 번역도 이루어졌다. 읽고 쓸 수 있는 문자 체계만 있다면 나중에 선교사가 없어도 성경을 통해 성령께서 그들을 변화시킬 것이라면서 묵묵하게 자신이 할 일을 했다.

코로나19 팬데믹 시기에 강명관 선교사가 편지를 보내왔다. "정부에서 원칙적으로 바나와 마을을 오고갈 수 없도록 봉쇄를 했습니다. 그러나 먹거리를 구하기 위해 사람들이 3, 4일 동안 배를 타고 나가 조그만 소도시에서 물건을 구입하는 과정에서 코로나에 걸리곤 합니다. 그들의 요청으로 기본 생필품들을 나누어 주며 다 같이 예배를 드렸습니다. 특별히 성경책 전체를 다 읽고 예쁘게 색칠한 사람들이 있어 격려하며 선물을 주었습니다. 계속해서 모든 바나와 사람들이 번역

된 말씀을 읽고 말씀으로 든든히 세워져 가기를 기도합니다."

앞이 캄캄했던 코로나19 시기, 강명관 선교사가 있었기에 아마존 깊숙한 곳에서 사는 바나와 부족들도 성경을 읽고 가족들을 돌볼 수 있었다. 나눔은 지구 반대편 아마존까지 닿아 그들이 그리스도인으로서 살아갈 수 있도록 도움을 주었다. 바나와 인디오들이 강명관 선교사를 비롯한 명성교회의 사랑을 기억하고, 신앙 공동체로서 든든히 서 가기를 기도한다.

거리의 천사들을 만나다

김삼환 목사의 어린 시절에는 배고픔이 일상이었다. 가난한 농가의 아홉 아이 중 하나로 태어난 그에게 굶주림은 친구 같은 것이었다. 어떻게 해도 풍족해지지 않는 살림살이에 먹는 입만 가득했던 그의 집. 흥부네 집처럼 좁은 방에 모여 배고픔을 애써 잊으며 서로의 온기로 잠이 들곤 했다. 한창 클 때는 먹고 돌아서면 배가 고프다는데, 먹고 돌아서기는 커녕 잠시 잠깐 배를 채울 만한 것도 없을 때가 흔했다.

그때는 다들 그랬다. 배고픈 것이 기본값이었다. 지금은 어쩌다 배가 고프지만 그때는 어쩌다 배가 불렀다. 가난은 꼬리표처럼 그를 쫓아다녔다. 늘 굶주림이 함께 했고 수많은 실패와 좌절이 앞을 가로막았다. 그는 어린 시절 집을 나와 길거리를 방황하면서 가난을 원망하기도 했다. 풀리지 않는 인생을 한탄하기도 했다. 나는 왜 이렇게 가난하기만 한 걸까, 이 가난은 왜 내 앞길을 가로막는 것일까.

다행인 것은 그때 그에게 신앙이 있었다는 것이다. 어머니가 그에게 주신 유일한 유산, 하나님을 알게 하고 교회를 사랑하게 한 것. 그 덕에 그는 삐뚤어지려다가도 끝까지 가지 않고 늘 중간쯤에서 돌아왔다. 자신을 위해 기도하고 계실 어머니를 생각하면 돌아올 수밖에 없었다.

경제가 어려워지면서 노숙인들이 점점 많아지고 있다. 자신이 원해서 집을 나온 사람은 거의 없을 것이다. 그런 선택을 한 데에도 이유가 있을 것이다. 붙잡아 줄 사람이 없는 외로운 사람들. 김삼환 목사는 찬바람이 불면 그들을 걱정했다. 마침 자원봉사단체 '거리의 천사들'에서 연락이 왔다. '거리의 천사들'은 IMF 외환위기 이후 갑자기 일자리를 잃고 아무런 대책 없이 거리로 내몰린 채 방치되어 있던 실직 노숙자들의 자살, 동사, 질병, 사고, 굶주림 등을 예방하고 위로하기 위해 세워진 단체였다. 여기서 '천사들'은 거리에 머물고 있는 노숙인들과 그들을 돌보기 위해 거리로 나선 자원봉사자 모두를 지칭한다. 1997년에 대한예수교장로회 총회상담소가 주축이 되어 노숙인들이 있는 현장을 찾아 식사 및 생필품 등을 지급하면서 시작되었다. 안전사고를 예방하고, 노동이 가능한 사람들에게 일자리를 소개하기도 하며, 쉼터와 진료소를 연계해 그들의 건강을 돌보고 있었다.

'거리의 천사들'에서 연락이 온 것은 2000년, 이 사역을 좀 더 적극적으로 후원하고 이끌어줄 사람이 필요하다고 했다. 그는 흔쾌히 받아들였다. 하나님이 잡아주지 않으셨다면 그 또한 지금쯤 어찌 되었을지 모르는 일이다. 배고파보았고 힘들어보았던 그가 그 일을 맡는 것은 아주 당연한 일이었다.

바람이 선선해지기 시작했던 그해 9월 28일, 김삼환 목사가 '거리의 천사들' 이사장으로 취임한 뒤 명성교회 남선교회와 청년대학부 봉사자들의 도움으로 활동이 시작되었다. 150여 명의 봉사자들이 매주 순번을 정해 각 지역을 돌며 노숙인들을 보살폈다. 낮 동안 회사 업무에 지친 몸을 이끌고 와서도 밤 9시부터 새벽 2시까지 거리로 나서 예수님의 사랑을 나누었다. 복음을 전하며 노숙인들을 쉼터로 안내하고, 음식을 전달하고, 담요나 생필품을 제공했다. 꽁꽁 언 손을 녹이며 노숙인들과 함께 뜨거운 컵라면을 먹었던 어느 새벽을 잊지 못한다는 한 청년은 이렇게 말했다.

"저는 거리의 천사들 봉사를 나갈 때마다 '내 형제 중에 지극히 작은 자 하나에게 한 것이 곧 내게 한 것이니라(마태복음 25장 40절)'라고 하신 주님의 말씀이 떠오릅니다. 봉사를 하면 내가 누군가를 옷 입히고 목을 축여주고 돌보아주는 것이 아니라, 주님께서 부족한 저를 옷 입혀주시고 목을 축여주시고 돌보아주신다는 것을 깨닫게 됩니다."

추위를 잊게 하는 따뜻한 라면 국물처럼, 청년 봉사자의 깨달음은 모두의 마음을 따뜻하게 해주었다. 한국이 선진국이 되었다고 하고, K-문화가 전 세계적으로 위세를 떨친다고 하여도, 그 이면에는 여전히 길에서 잠을 자는 사람들이 있다. 기후 위기로 여름은 더 뜨거워지고 겨울은 더 차가워지는데, 어디에도 속하지 못하고 거리를 헤매는 사람들이 있다. 사회적 안전망 하나 없이 삶을 포기하는 것만이 자신들에게 허락된 것이라는 안쓰러운 이들이 있다.

살다보면 누구나 원치 않는 아픔과 절망을 경험하고, 거리로 내몰릴 수 있다. 노숙인은 우리와 다른 존재가 아니라 우리의 또 다른 모습이다. 우리가 하나님과 교회 공동체에서 받았던 사랑과 용기를 그들과 나눈다면. 그리하여 그들의 영적 회복과 자립을 통해 가정과 사회로 복귀하도록 도울 수 있다면, 그것은 또 다른 나 자신을 돌보는 일이 될 것이다.

모든 삶이
귀하다

한국에서 태어나 자랐지만, 날 때부터 다른 언어를 사용하는 사람들이 있다. 바로 수어手語가 모국어인 농아聾啞인들이다. 2016년 '한국수어법'이 제정되면서 '한국수어'가 '한국어'와 함께 대한민국의 공용어로 지정되었다. 농아인의 입장에서는 한국어도 외국어나 마찬가지다. 소리를 들어본 적이 없으니 한국어로 말하는 것을 들어본 적도 없고, 한글을 읽을 수 있다고 한들 농아인 입장에서는 '한국어'라는 언어를 새롭게 배워서 읽는 것에 불과하다. 말이 아닌 손짓과 몸짓으로, 글보다는 사진과 그림으로 의사소통을 하고, 청인聽人들의 언어와는 다른 언어 체계와 문화를 가지고 있는 농아인들을 위한 부서 '농아부'가 2002년에 명성교회에 설립되었다.

대구에서 농아인 사역을 하고 있던 손원재 목사를 청빙하여 2002년에 농아부 설립예배를 드리고, 농아인들을 전도하러 다녔다. 그는 교회 인근의 구화口話학교에도 가서 전도를 했다. '나는 농아인 목사야.' '농아인도 목사가 될 수 있어?' 호기심을 가진 아이들은 자신들을 이해하는 손 목사를 따랐다. 아이들을 데리고 와서 수어를 가르치고, 믿지 않는 부모들을 초청하여 세미나를 했다. 농교육을 받고 훌륭한 사회인이 된 분들과 수어교육 전문가, 교수들을 초빙하여 농아인 자녀들의 정체성과 그들을 향한 하나님의 뜻을 아이들과 부모들에게 심어 주었다. '이것은 장애가 아니다', '아이들은 환자가 아니다', '농아인들은 하나님께서 뜻하신 바대로 창조된 소중한 존재이다'라는 메시지는 아이들의 자존감을 단단하게 해주었고, 특히 사춘기가 된 농아인 자녀들과 대화의 단절을 겪고 있는 학부모들에게 큰 도움이 되었다고 한다.

농아인들의 사회화 교육을 위해 토요비전학교에서 학생들에게 컴퓨터와 영상편집기술 등을 가르치고, 사회에 나가서 필담을 나눌 수 있도록 한국어 문장력도 가르치고 있다. 또한 공항에 가서 비행기를 타고 제주도에 가서 바다를 보거나, 스

키 강습을 받는 등의 체험 학습도 실시한다. 다양한 직업의 세계를 발견할 수 있도록 견학도 많이 갔는데, 이는 명성교회 교인들의 적극적인 도움이 있었기에 가능했다. 지난 23년 동안 청인들을 대상으로 1년에 2회씩 수어학교도 열었다. 그동안 수어학교에 등록한 분들이 1천 명이 넘는다. 이 중에 국가공인 수어통역사자격증을 취득한 분이 13명이나 나왔다. 농아인 선교에 큰 도움이 되는 귀한 인재들이다.

앞서 말했듯이 농아인들은 한글은 알지만 독해가 어려워 성경을 이해하기 어렵다. 우리가 ABC는 알지만 영어로 된 책을 술술 읽고 이해하기 어려운 것과 마찬가지이다. 그렇기 때문에 그들의 신앙을 자라게 하는 데에는 예배와 설교가 무척 중요한 역할을 한다. 현재 명성교회 농아부는 농아인 70여 명과 봉사자 30여 명이 함께 예배를 드리고 있다. 농아인들은 공장노동자가 많아 주로 부천이나 인천에 사는데, 왕복 4시간 지하철도 마다하지 않고 매주 예배를 드리러 온다.

김삼환 목사는 이들이 편하게 예배드릴 수 있도록 지원을 아끼지 않는다. 그는 새 성전을 건축했을 때에도 손 목사와 안 사모를 먼저 불러, 농아인들이 어디에서 예배드리는 것이 가장 좋을지 물었다. 설교자와 수어통역사를 동시에 볼 수 있는 환경이 가장 좋다고 하여, 2층 맨 앞 정 가운데 좌석을 농아부에게 내주었다. 예배 시간에 그분들이 수어로 찬양하고, 두 손으로 '아멘'하는 모습은 온 성도들에게 깊은 감동을 준다.

한편 명성교회에는 지적장애인과 자폐성장애인들을 위한 '사랑부'가 있다. 일찍이 1993년에 발달장애아동들을 위한 부서를 설립하였고, 이후 장애인 사역을 제대로 해보자는 마음에 2001년 최대열 목사를 담당 교역자로 청빙하여 지금까지 이어오고 있다. 지적장애인들에게는 주변 환경, 주위 사람들이 매우 중요하다. 좋지 못한 사람들을 만나 소위 '앵벌이'로 이용당하는 경우도 드물지 않게 있다. 좋은 사람들이 주위에 있어야 이들의 삶의 질이 올라간다. 좋은 사람들을 만나 좋은 직장에 들어가고, 좋은 직원들 사이에서 일할 수 있는 환경이 교회를 통해 조성된다면 얼마나 좋겠는가.

장애는 질병이 아니기에, 함부로 '낫는다'는 표현을 써서는 안 된다. 각자에게 주어진 창조의 목적이 있고, 그 자체로 정체성을 가지고 살아가는 존귀한 영혼들이다. 그렇기 때문에 우리 모두는 장애가 있고 없고가 아닌, 예수님을 알기 전과 알게 된 후로 나뉘는 삶이며, 예수님을 믿은 뒤로는 그 안에서 기뻐하고 즐거워하며 주님의 영광을 위해 이후의 삶을 살아가는 것이다. 그렇다면 하나님께서 이들에게 주신 재능과

은사를 발견하고 가르쳐야 한다.

이러한 맥락에서 만들어진 '사랑학교'는 지역사회의 모든 장애인에게 열려 있는 교육기관으로, 성경 공부, 문화 활동, 학습, 직업 훈련, 사회통합 훈련 등의 프로그램을 진행하고 있다. 장애아동들이 각기 가지고 있는 달란트를 발견하여 발전시킬 수 있도록 말씀, 찬양, 악기, 미술 등을 사랑으로 가르친다. 이곳에서 재능을 발견하여 현재 캐나다, 유럽 등지에서 전시회를 하고 있는 화가도 나왔고, 악기를 배우다 재능을 발견하여 앙상블에도 들어가게 된 클라리넷 연주자와 첼로 연주자도 나왔다.

장애아동들의 부모들도 함께 모여 서로를 위해 기도하고 있다. 처음에는 아이만 교회에 보내는, 신앙이 없는 부모들이 많았다. 하지만 지금은 '이 아이 덕분에 우리가 예수님을 믿게 되었다', '하나님께서 우리집에 보내주신 보물이다'라고 말한다. 다른 무엇보다도 이러한 신앙 고백이 바로 기적이 아닐까?

기독교는 생명의 종교이다. 다른 종교는 죽음에 초점을 맞추지만, 기독교는 탄생과 생명에 초점을 맞춘다. 기독교의 중요한 절기가 성탄절과 부활절인 것을 보더라도 그렇다. 죽음이 아닌, '삶'에 초점을 맞추는 것이다. 장애가 있든지 없든지,

우리 모든 성도들이 자신의 탄생이, 자신의 삶이 얼마나 귀한
것인지를 늘 기억하며 하나님이 주신 사명으로 살아가기를
기도한다.

축복의
합동결혼식

세상이 많이 바뀌었다. 예전에는 꼭 치러야만 했던 절차나 관습들이 점점 단출해지거나 사라지고 있다. 결혼식도 그중 하나다. 연애결혼이 드물었던 시기도 있었다. 집안 어른들끼리 약조를 하면 자식들은 얼굴 한 번 못 본 사람과 결혼하기도 했다. 예전에는 결혼식 전에 약혼식을 올리는 일도 흔했지만, 허례허식이라는 인식이 퍼지면서 점점 생략하게 되었다. 최근에는 찍어낸 듯 획일적인 결혼식이 싫다며 작은 규모로 조촐하게 결혼식을 치르는 '스몰 웨딩'이 유행하기도 했다. 말이 스몰 웨딩이지, 특별하게 하려다가 오히려 경제적으로 더 부담이 되는 경우도 많다.

요즘 신랑신부들은 두 사람 간의 사랑과 믿음만 있다면, 남에게 보여주는 예식 같은 것은 없어도 된다며 결혼식을 생략하기도 한다. 그러나 여건이 안 되어 어쩔 수 없이 식을 못 올리는 것이라면 이야기가 달라진다. 결혼식은 단순한 이벤트가 아니라 둘의 사랑으로 행복한 가정을 이루었다는 것을 사람들 앞에서 공식적으로 인정받는 자리이다. 그런데 단지 형편이 되지 않아 가족과 친구들의 축하와 응원, 하나님의 축복이 가득한 예식을 올리지 못하고 그냥 살아가는 부부들이 있다. 먼 타국으로 일을 하러 와서, 먹고 사느라 바빠서, 주변에 사람이 없어서 등등 제각기 가슴 아픈 사연들을 가지고 있다.

김삼환 목사는 이미 가정을 이루고 사는 그들에게 합동결혼식을 열어주었다. 가정을 이룬다는 것은 얼마나 뜻깊은 일인가. 외딴 섬처럼 존재했던 한 사람 한 사람이, 이제 같은 곳을 바라보며 함께 걸어가는 것이다. 손을 꼭 잡고 앞으로, 미래로, 희망으로 나아가는 여정이다. 그런 사람들에게 축복의 하루를 선물하고자 했다.

1989년부터 매년 창립기념주일 즈음하여 명성교회는 합동결혼식을 열었다. 초기에는 형편이 어려워 결혼식을 올리지 못하고 사는 사람들을 대상으로 했다. 세월이 흐르면서 명성교회에 출석하는 디아스포라 외국인 이주노동자들끼리 결혼하는 일이 많아져, 이들을 대상으로 한 합동결혼식을 올려주고 있다. 이주노동자 중에는 다른 종교를 가진 사람들도 있지만, 대부분의 경우 교회의 마음과 정성에 감동하여 결혼식을 올리고 나서 하나님의 자녀가 되었다.

요즘 결혼식에서 가장 돈이 많이 드는 것 중 하나가 '스드메'라고 한다. 스튜디오, 드레스, 메이크업의 줄임말이다. 결혼식을 치르지 못했던 사람들은 경제적으로 넉넉하지 못한 경우가 대부분이고, 디아스포라 외국인들도 마찬가지이다. 그래서 명성교회에서는 합동결혼식을 올리는 부부들의 '스드메'를 지원해준다. 웨딩숍을 운영하는 성도가 신부의 웨딩드레스와 신랑의 턱시도를 협찬하고, 메이크업과 헤어 관련 종사자들의 재능기부로 신랑신부를 아름답게 단장한다. 곱게 단장한 신랑신부의 사진을 남기는 것 역시 교인들의 재능기부로 이루어진다.

또한 명성교회 결혼예식부에서도 결혼식 예행연습, 본식, 폐백까지의 전 과정을 함께하며 최선을 다해 신랑신부의 도우미 역할을 한다. 꽃꽂이, 피로연, 신혼여행 일체를 명성교회에서 제공하는 것은 물론이다. 이처럼 합동결혼식은 뒤에서 묵묵히 돕는 교인들이 없이는 불가능한 일이다. 가진 것을 이웃과 나누고 섬기고자 하는 마음들이 모여 기적을 만들어내고 있다.

김삼환 목사는 합동결혼식에서 늘 이런 메시지를 전한다.

"부모를 떠나 가정을 이루는 것은 축복입니다. 결혼을 통해 하나 되는 것이며 서로 사랑하고 행복한 가정이 되려면 예수님을 잘 믿고 교회 생활을 잘 해야 합니다. 하나님께서 평생 은혜 주셔서 범사가 잘 되고 강건하게 하시고 야곱이 라헬을 사랑하듯 행복한 가정이 되게 하여 주시옵소서."

합동결혼식을 치른 부부들에게는 교회에서 선물을 준다. 결혼반지와 멋진 정장, 생필품, 그리고 성경책이다. 앞으로 말씀으로 하나되어 하나님의 자녀로 살아가며 아름다운 가정을 이루어 가기를 바라며 성경책을 선물한다. 성경책을 결혼의 징표로 삼은 가정이 교회생활을 통해 더 행복한 가정이 되기를. 모두가 하나님의 사랑으로 하루하루를 채워나가기를 소망한다.

자동차의 안락함보다
나누는 삶의 안온함

어린 시절 가난했던 김삼환 목사에게는 두 다리가 이동수단이었다. 그의 어머니도 십리 밖 시내에 있는 먼 교회를 늘 걸어서 다니셨다. 어려서는 어머니 등에 업혀서, 걸음마를 시작한 뒤로는 두 다리로 어머니를 따라 교회에 걸어갔다. 그 시절에는 대부분의 사람들이 그랬다. 버스도 겨우 다니는 시골길에 승용차는 구경하기도 어려웠다.

이동수단이 바뀐 것은 목회를 하면서부터였다. 바빠 다녀야 해서 자전거를 한 대 마련했다. 그것도 그가 산 것이 아니라 그의 처지를 안타깝게 생각한 성도가 선물한 것이었다. 그는 해양교회 시절 다만 몇 됫박의 쌀이라도, 밀가루 한 포대

나 고등어 한 손이라도 자전거에 싣고 교인들 심방을 다녔다. 모두가 어려운 시절이었다. 특히 노인들을 모시고 사는 어려운 집들이 많았다. 자전거는 그에게 나눔과 섬김의 목회를 돕는 수단이었다.

자전거를 타고 신학교 통학도 했다. 교회에서 업무를 마치면 페달을 힘껏 밟아 장로회신학교까지 갔다. 1분이라도 지각을 하면 점수가 깎였기 때문에 30분 동안 열심히 페달을 밟아야 했다. 결핵으로 건강이 좋지 않았던 시기라 체력은 바닥이었지만 지각을 해서는 안 되었고, 택시는 언감생심 꿈도 못 꾸었다. 서두르다가 가끔은 버스 기사에게 욕을 먹기도 했고, 큰 사고가 날 뻔한 아찔한 순간도 있었다.

명성교회 창립 초기에도 그의 교통수단은 여전히 자전거였다. 특별새벽집회를 홍보하기 위해 그는 자전거를 타고 명일동 구석구석을 누볐다. 한 사람이라도 더 와서 은혜를 나누었으면 하는 마음에 열심히 페달을 밟았다. 그는 그렇게 자전거 페달을 밟으며 심방을 다니고 전도를 했다.

교회가 부흥하면서 담임목사인 그에게 승용차를 사주었다. 장로들은 이제 교회도 어느 정도 안정되어 가니 자전거는 두고 자동차를 타라고 권했다. 그는 자동차를 받고 고민했다. 나에게 지금 자동차가 필요한가? 대부분의 시간을 교회에서 보내고, 외부 활동을 할 때는 버스나 자전거를 타거나 동행하는 성도들의 차가 있으면 같이 타면 될 일이었다. 고민하던 그는 교통편이 불편하여 어려움을 겪고 계시다는 그의 은사님의 이야기를 듣고 한달음에 자동차를 드렸다. 교인들이 애써 마련해 드렸더니 엉뚱한 사람에게 주었다며 아쉬워하는 사람들도 있었다.

"꼭 필요한 사람이 써야지요. 저는 괜찮습니다."

얼마 후, 담임목사가 자전거를 타고 다니는 것을 늘 마음 쓰여 했던 교회에서 또 자동차를 사주었다.

"목사님, 이제는 활동하시려면 자동차가 필요해요. 이번에는 부담 갖지 말고 꼭 목사님께서 타세요."

장로들의 당부가 있었지만, 얼마 후 그는 신학교를 방문했다가 형편이 어려워 점심을 먹지 못하는 학생들이 있다는 이야기를 듣고 자동차를 신학교에 두고 왔다.

"목사님, 차를 두고 가셨어요?"

"그 차를 팔아서 밥 못 먹는 신학생들을 위해 써주세요."

그 후로도 차를 사주면 내어주고, 또 사주면 또 내어주고 했다. 어려운 사람들이 눈에 보이면 그는 자신의 차를 주었다. 좋은 자동차는 60세에 타도 된다, 좋은 집은 70세에 살아도 된다는 것이 그의 평소 생각이었다.

한 번은 시각장애인 공동체인 '소망의집' 목사가 명성교회에 와서 설교를 했다. "시각장애인들은 생계가 어려워 누우면 하늘의 별이 보인다 하여 '별나라 사람들', 지하철 출입구에서 하모니카를 불며 구걸한다고 하여 '달나라 사람들'이라는 별칭이 있습니다." 가슴 아픈 이야기였다. 설교를 마치고 가는 목사를 배웅하면서 김삼환 목사는 또 자동차를 그들에게 기증했다.

이런 식으로 차가 생기면 팔고, 어려운 곳에 주고 해서 총 다섯 대의 자동차를 팔았더니, 교인들의 애정 섞인 원성이 높아졌다. 자동차만 생기면 팔려고 한다는 성도들의 잔소리를 듣고 그는 이렇게 말했다.

"그럼 내가 자동차를 팔지 않고 계속 탈 테니 소망의집 건축비를 우리가 좀 도와줍시다. 생필품도 계속 지원하고요."

이웃을 섬기고 나누는 것이 우리의 사명이자 행복이 아니겠느냐는 그의 뜻을 모두가 이해했다. 자동차의 안락함보다 훨씬 크고 아름다운 열매를 맺은 것이다.

5장

영혼을 　　　구원하기
　　　　　위한
　　　　　사역

아시아 최초의
기독교 민영교도소

1997년 우리나라에 닥친 IMF 외환위기로 많은 사람이 고통을 받고 가정이 무너졌다. 하루아침에 다니던 회사가 사라져 일자리를 잃은 사람, 받아야 할 돈을 못 받은 사람, 소비 위축으로 가게 문을 닫아야 했던 사람, 일을 하고 싶어도 일자리가 없어 일할 수 없었던 청춘들. 모두에게 암흑 같은 어려운 시기였다.

생계에 대한 위협은 평범한 사람을 범죄자로 만들기도 했다. 먹고살아야 해서 어쩔 수 없이 죄를 저지르거나, 빚을 갚을 도리가 없어 감옥에서 죗값을 치르는 길을 택한 경제사범이 증가했다. 마음의 여유가 없어진 사람들은 울화를 참지 못했고, 기형적으로 커져가는 물질만능주의는 가뜩이나 경제적으로 위축된 사람들을 더욱 피폐하게 만들었다.

이런 연유로 당시 전국 교도소에 수용 정원보다 훨씬 많은 사람이 수감되었다. 사회로부터 격리된 좁은 공간에는 조금의 여유도 주어지지 않았다. 교도소 과밀로 인해 수감자들의 환경은 갈수록 열악해졌다. 수용인원 대비 교정인력도 충분치 않아 나날이 처우가 악화되었고, 이러한 상황에서 수감자들의 교정 교화 역시 쉽지 않았다. 충분히 교화되지 못한 출소자들은 사회에 나와 다시 범죄를 저질렀고, 결국 재범률이 50% 가까이 되었다. 출소한 사람이 또다시 범죄를 저질렀다는 뉴스를 볼 때마다 사람들은 혀를 차며 걱정했다. 저런 사람들이 사회에 많아지면 어떻게 하냐고 근심이 가득했다.

세상은 범죄자를 손가락질하고 질타한다. 그러나 우리는 하나님 앞에 모두 원죄原罪를 지니고 태어난 죄인이다. 교회에 다니지 않는 사람들도 익히 들었을 "너희 중에 죄 없는 사람이 먼저 돌을 던지라"라는 말은 신약성경의 요한복음에 나오는 말이다. 바리새인들에게 끌려온 간음한 여인을 향해 야유하는 대중들에게 예수님께서 하신 말씀이다. 그 자리에 있던 그 누구도 그 여자에게 돌을 던지지 못했다. 그리고 예수님께서는 그 여인을 일으켜 죄의 삶에서 떠나라고 말씀하셨다. 누구도 다른 이에게 감히 돌을 던질 수 없다.

그러므로 우리가 그리스도인으로서 해야 할 일은 그가 속 죄하고 다시 우리 곁으로 돌아와 하나님의 자녀로서 올바른 삶을 살아갈 수 있도록 격려하고 기다리는 일이다. 그들을 제 대로 교화하고 사회에 적응할 수 있도록 도와야 한다. 통계에 의하면 종교를 가진 수용자들이 그렇지 않은 수용자들에 비 해 재범률이 낮은 경향이 있다고 한다. 브라질에는 기독교에 서 운영하는 민영교도소인 휴마이타 교도소가 있다. 브라질 정부가 운영하는 교도소의 경우 재범률이 75%에 달하지만 휴마이타 교도소 수용자들의 재범률은 4%에 불과하다. 종교 가 그들에게 삶의 목표와 방향성을 제공하고 긍정적인 변화 를 유도했기 때문이다. 신앙의 힘으로 그들이 범죄에서 벗어 나 새로운 삶을 살아갈 수 있게 된 것이다.

IMF 외환위기가 오기 전인 1995년부터 한국기독교총연 합(한기총)에서는 민영교도소설립추진위원회를 만들어 관련 법률 제정을 위해 노력하고 있었다. 우리나라에 민영 교도소 설립에 관한 법률이 없었던 터라, 기독교 교도소를 세우기 위 해서는 먼저 관련 법안이 제정되어야 했다. 그러던 중 IMF가 터지고 전국의 교도소가 포화 상태가 되면서, 민영교도소의 필요성이 시기적 타당성을 얻게 되었다. 민영교도소 설립을 서두르지 않으면 안 되는 상황을 맞이하게 된 것이다.

1998년 김대중 대통령 당선 후 김삼환 목사에게 대통령을 만날 기회가 주어졌다. 대통령은 그에게 도울 일이 없느냐 물었다. 그는 그 자리에서 '제가 대통령을 위해 기도를 해드려야지, 부탁할 것이 무엇이 있겠냐'고 말했다. 시간이 조금 더 지난 후 다시 대통령을 만나게 된 자리에서 또 한 번 이야기할 기회가 생기자, 그는 생계형 범죄자들의 증가로 인해 열악해진 교도소 환경과 출소자들의 높은 재범률에 대해 이야기했다. 그러자 김대중 대통령이 놀라운 말을 했다.

"목사님, 내가 감방에 가보니, 국가권력으로는 그 어떤 것도 범죄자를 교화시킬 수 없습니다. 그리스도의 복음이 아니고서는 그들이 근본적으로 변화될 수 없습니다. 갇힌 자의 돌봄 사역을 한국교회가 반드시 해야 합니다."

당시 우리나라에서는 국가의 형 집행권을 민간이 가져온다는 것은 상상도 할 수 없었다. 관련법이 제정되어야 이 일이 가능해질 수 있었는데, 이전 정권 시절부터 추진해 왔으나 쉽게 진행되지 않던 일이, 대통령이 관심과 의지를 가지고 임하니 실마리가 풀리기 시작했다. 그로부터 얼마 뒤인 2000년 12월 28일, 한국교회가 입법을 추진한 '민영교도소 등의 설치 운영에 관한 법률'이 국회를 통과했다. 그리고 이 법안을 근거로,

기독교 교도소 설립을 위한 '재단법인 아가페'가 2001년 6월 비로소 출범하였다.

민영교도소 설치 운영에 관한 법률이 통과되고 난 뒤 법무부에서 입찰 공고가 났다. 민영교도소를 만든다고 하니 다양한 종교기관과 단체들이 적극적으로 움직이기 시작했다. 외국 민영교도소 회사들도 참여할 정도였다. 수탁자 선정 심사에 재단법인 아가페를 포함한 여덟 곳에서 제안서를 제출하였다. 제안서를 제출하고 나서 재정이나 운영에 어려움이 예상되어 중도 포기한 곳도 있었다. 결국 오래전부터 이 일을 준비해 온 재단법인 아가페가 2002년 3월에 심사위원회를 거쳐 민영교도소 수탁자로 공식 확정되었다.

기독교 민영교도소는 교계와 사회로부터 많은 관심과 기대를 받았다. 2003년 12월 17일에는 국민일보, CTS기독교TV, CBS기독교방송, 극동방송 등 주요 교계 언론사와 재단법인 아가페의 협력조인식도 가졌다. 우리는 그 자리에서 "기독교 교도소는 죽은 영혼을 살리는 소중한 역할을 할 것입니다. 한국교회는 자기 교회만 돌보는 소극성에서 벗어나 '선한 사마리아인'으로 불우한 내 이웃을 돕고 이들의 아픔을 함께 하는 일에 앞장서야 합니다."라는 메시지를 전했다. CTS기독교TV에서 교도소 건축기금 마련을 위한 특별 생방송을 3시간이나 해주었고, 당시 많은 교계 지도자들과 크리스천 연예인들도 적극적으로 참여, 홍보해주었다. 명성교회 교인들의 지원이야 말할 것도 없었다. 그렇게 건축비 300억 원 중 약 240억 원의 후원금을 확보했다.

교계와 사회의 관심 속에 기독교 교도소 설립 프로젝트는 돛을 올리고 순항하는 것 같았으나, 또 한 번 커다란 암초에 부딪혔다. 교도소가 들어서는 여주시 시민들의 항의가 이어진 것이었다. 교도소가 주는 부정적인 이미지를 걱정한 여주 시민들은 혐오시설에 대한 건축 계획을 백지화하라며 시위를 했다. 지역 국회의원 공약으로 교도소 백지화를 전면에 내걸 정도였다. 김삼환 목사는 그들의 입장도 백 번 이해가 갔다. 그렇기 때문에 대립하기보다는 그분들과 함께 가는 방법을 택했다. 그는 여주시민들을 찾아갔다. 여러분의 두려움은 하나님께서 풀어주실 거라고 설득했다. 그냥 교도소가 아니라 교회가 운영하는 교도소이니 한 번 믿어달라고 읍소했다.

"교도소가 지어지면 자연스럽게 일자리가 생겨납니다. 관리직이나 교육과 치료 관련 직종에 고용기회가 돌아갑니다. 수용자들의 가족들이 면회를 많이 올 테니 지역 상권도 활성화될 것입니다. 도로나 교통, 공공서비스 등의 인프라가 개선될 수도 있고요. 또 재활 프로그램이 잘 운영된다면 지역의 이미지가 향상될 수도 있겠지요. 염려하시는 부분은 잘 알고 있습니다. 하지만 긍정적인 면도 한번 잘 살펴주시기 바랍니다. 여러분의 너그러운 마음이 사회를 더욱 아름답게 빛낼 수 있습니다."

실제로 교도소가 지어진 후 여주시민들을 교도소 직원으로 많이 채용하였고, 지역의 여러 기관에 발전기금을 기탁하였다. 그러나 당시에는 아무리 호소를 해도 지역 주민들이 꿈쩍도 하지 않았다. 그는 좀 더 현실적인 대안을 모색했다. 감정에만 호소할 것이 아니라 눈에 보이는, 실질적인 도움을 주어야 했다. 명성교회에서 당장 여주 특산물인 쌀과 고구마를 대거 구입했다. 구입한 산지직송 농산물을 마진 없이 교회에서 팔았다. 교인들은 신선한 농산물을 저렴하게 구입해서 좋았고, 여주 농민들은 애써 지은 농산물을 제값에 팔 수 있어 좋았다. 그렇게 3년의 설득 끝에 기적이 일어났다. 2005년 11월, 주민들과 극적으로 기독교 민영교도소 설립에 합의를 본 것이었다.

이후에도 물론 여러 번의 고비가 있었다. 높은 산 속에 위치한 7만 평 부지에 전기를 끌어오고, 수도를 끌어들이고, 도로를 닦고, 큰 건물을 짓는 것은 절차상으로나 재정적으로나 대단히 어려운 일이었다. 해외 민영교도소들은 민영이라고 해도 교도소 부지나 건축은 국가에서 제공하고, 민간에서는 운영만 맡고 있다. 그러나 우리나라에서는 토지 매입과 건축비를 모두 우리가 마련해야 했다.

2008년 2월 마침내 여주군청으로부터 민영교도소 건축허가를 받았다. 대한민국은 물론 아시아 역사상 최초의 민영교도소이자 기독교에서 운영하는 교도소가 세워지게 된 것이다. 오직 죄인들의 영혼 구원을 위한 마음으로 모두가 하나 되어 이루어낸 성과였다. 7월 소망교도소 기공식에서 김삼환 목사는 이렇게 기도했다.

"범죄 없는 사회를 소망하는, 봉사로서의 기독교 교도소가 되게 하여 주옵소서! 우리의 섬김이 그들에게 닿아, 하나님의 말씀을 올바로 전하는 참된 시민으로 거듭나게 해주옵소서!"

소망이 있어야
희망이 있다

벌써 30년도 더 된 일이다. 김삼환 목사는 부목사들과 함께 시골로 수련회를 떠났다. 한적한 강가에 버스를 대놓고 기도하고 프로그램을 진행했다. 일정을 다 마치고 돌아가려는데 차가 그만 모래에 빠져버렸다. 모두 내려서 뒤에서 밀고 운전자는 액셀을 밟으며 탈출을 시도했지만, 그럴수록 바퀴는 모래 속으로 더 깊이 들어갔다. 지나가던 다른 차가 도와주러 왔다가 그 차도 빠지고 말았다. 심지어 그 차를 도와주러 온 차까지 연이어 모래밭에 빠져 버렸다. 모두 발을 동동 구르며 땀을 쏟고 있는데 기적처럼 레미콘 한 대가 지나가다가 이들을 보고 멈춰 섰다. 레미콘 운전자는 모래에 빠진

191

차들에 밧줄을 연결하더니 하나씩 하나씩 모래 구렁텅이에서 건져주었다. 많은 사람들이 달라붙어 아무리 밀어도 꿈쩍하지도 않던 차들이 밧줄로 당기는 족족 끌려 나왔다.

인간의 힘만으로 할 수 없는 것이 분명히 존재한다. 인간들이 아무리 모여 애를 써도, 죄에서 탈출할 수는 없다. 그래서 하나님은 당신의 아들을 이 땅에 내려 보내주신 것이다. 그 아들이 십자가를 지고 우리를 대신해 벌을 받고 죽임을 당하셨다. 메시아가 되어 우리를 죄에서 벗어나게 해 주셨다. 인간의 문제는 인간이 해결하지 못한다. 인간을 만드신 하나님을 만나야 문제가 해결된다. 커다란 레미콘이 작은 차들을 모래에서 건져주었듯, 하나님도 우리를 하나하나 구렁텅이에서 건져주신다. 우리끼리 아무리 밀고 당겨봐야 빠져나올 수 없는 것이다.

죄를 지은 사람들은 교도소에 수감된다. 물론 그들의 죄는 명백하다. 그 죗값을 치르기 위해 교도소에 들어가는 것이다. 그러나 인간에게 심판받고 인간이 정해 놓은 벌을 받으면 모든 것이 해결되는 것일까? 단순히 수감 날짜를 채운다고 그들의 죄가 용서받는 것은 아니다. 마음 속 깊이 진정으로 자신의 잘못을 뉘우치고 회개하는 시간이 필요하다. 그래야 다시는 죄짓지 않는 인간으로 살 수 있다.

그런 의미에서 교도소 사역은 죄인의 구원을 위해 꼭 해야 하는 일이다. 죄를 지은 사람들이 다시 세상으로 나와 사람답게 살 수 있도록 돕는 것은 하나님께서 맡기신 일이다. 교도소에 들어갔다가 다시 세상에 나온 사람들이 사람들의 차가운 시선에 세상을 원망하고, 불평하고, 되는대로 살다가 또다시 죄를 짓는 일이 많이 일어난다. 그렇게 되지 않도록 최선을 다해 그들을 도울 의무가 우리에게 있다. 그들이 하나님의 자녀로 살아가도록 도와야 하는 것이다.

2010년 12월, 드디어 오랫동안 준비해 온 기독교 교도소가 소망교도소라는 이름으로 문을 열었다. 물론 어려움도 많았다. 반대하는 주민들을 어렵게 설득해 겨우 지었더니 수용자들이 힘들게 했다. 거친 사람들도 많았고, 성경 말씀이 전혀 통하지 않기도 했다. 그러나 그들을 변화시킬 수 있다는 소망을 잃지 않고 꾸준히 복음을 전했다. 다양한 프로그램으로 그들이 자연스럽게 하나님을 만날 수 있는 길로 안내했다. 수용자들은 조금씩 변화하기 시작했다. 알력 다툼도 줄어들고 출소자들의 재범률도 줄었다. 대부분의 수용자가 착실하게 직업훈련을 받았고, 가족들과의 유대도 좋아졌다. 가장 두드러진 변화는 그들이 기도할 줄 아는 사람이 되면서 스스로 돌아보고 성찰하는 시간을 갖게 되었다는 것이다.

지난 15년 동안 소망교도소의 수용자들은 차츰차츰 달라졌다. 이제 소망교도소는 전 세계 5대 모범 교도소 중 하나가 되었다. 버림받고 소외된 이들을 외면한 채로는 건강한 사회를 이루어갈 수 없다. 한때 잘못을 저질렀던 사람이라도 충분히 변화할 수 있다. 넘어진 이들을 일으켜 세워 함께 나아가야 한다. 섬기고 안아주며 공동체의 일원으로 받아들일 수 있어야 한다. 죄인의 영혼 구원을 위한 교도 사역은 교회만이 할 수 있는, 그렇기에 반드시 교회가 해야만 하는 우리들의 사명이다.

　소망이 있어야 희망이 있다. 하나님께서 우리에게 주신 큰 선물인 소망교도소 사역, 국가와 인류를 위한 이 사역을 위해 김삼환 목사와 명성교회 교인들은 오늘도 기도한다. 커다란 레미콘을 만나 모래구덩이에서 건져지듯, 삶의 구렁텅이에 빠진 사람들이 하나님의 말씀으로 다시 환한 세상을 만날 수 있도록.

사람은 누구나
다시 시작할 수 있다

소망교도소의 수용자는 400여 명의 남성들이고, 이들 중 절반은 강력범이다. 강력범이라고 하면 우락부락하거나 날카롭고 사나운 모습을 하고 있을 것 같지만 실제로는 그렇지 않다. 그들은 예배시간에 내 옆에 앉아 있는 형제와 다르지 않고, 오늘 아침에 인사를 나눈 이웃과 다르지 않다. 처음부터 그들은 이웃이고 형제였으며, 앞으로도 우리의 이웃이고 형제가 될 사람들이다.

그들이 범죄자가 되기 전 하나님을 만났더라면 좋았겠지만, 대개는 안타깝게도 그런 기회를 가지지 못했다. 믿을 곳도, 자신을 믿어주는 사람도 없어 절망에 빠지고, 가족들에게

마저 외면당해 허무한 감정을 주체하지 못했을 것이다. 이제 그들은 소망교도소를 마지막으로 죄인으로서의 삶에 종지부를 찍고 사회로 돌아가게 될 것이다. 삶의 의지를 가지고 어엿한 한 사람의 시민으로 살아가게 하는 것이 소망교도소의 목표이다.

2010년 12월 개소 이후 소망교도소의 재범률은 지금까지 평균 10.9%이다. 전문가들은 이것이 매우 놀라운 수치라고 말한다. 다른 국영교도소들과 비교했을 때 현저히 낮은 수치이기 때문이다. 2023년에는 재범률이 5.7%로 급감했다. 재범률을 이렇게까지 낮출 수 있었던 비결에 대해서는 보다 전문적이고 학술적인 연구도 필요하겠으나, 한 가지만큼은 명확하게 말할 수 있다. 바로 인격적인 대우가 그것이다. 소망교도소는 종교를 기반으로 하여 한 인간을 존중하는 마음으로 수용자들에게 접근한다. 죄는 미워하되 사람은 미워하지 말라는 말이 있다. 하나님이 은혜를 주시면 사람은 언제든 변할 수 있다는 믿음으로, 소망교도소 직원들은 수용자들을 번호가 아닌 '○○○씨'라는 이름으로 부른다. 또한 기존의 '재소자'라는 명칭 대신 '수용자', '형제'라는 말을 사용하고 있다. 소망교도소 수용자들이 출소할 때, 그동안 인격적으로 대해주어서 고마웠다는 말을 하는 데에는 다 이유가 있는 것이다.

수용자가 새로 들어오면 일주일에 걸쳐 교도소장과 면담을 하여 수용자 각각의 특성에 맞는 교육 프로그램을 배정한다. 전문적인 성격유형검사도 한다. 수용자 개개인을 먼저 이해해야 그들의 성향에 맞는 교육 프로그램이 무엇인지를 알 수 있기 때문이다. 출소를 앞두고는 6개월간 영성훈련 프로그램을 실시한다. 이 영성훈련 프로그램은 기존에 있던 것이 아니라 소망교도소 수용자들을 위하여 새롭게 개발한 프로그램이다.

영성훈련 프로그램과 관련하여, 한번은 이런 일도 있었다. 소망교도소는 철저한 개인고과 제도로 운영된다. 개인 점수가 높을수록 더 많은 자유를 누릴 수 있다. 또한 그중에서도 모범적으로 생활하는 수용자는 교도소장의 권한으로 2개월 가출소(예전에는 '가석방'이라고 했다)를 시켜줄 수 있다. 그런데 한번은 가출소 명령을 받은 한 수용자가 부소장을 찾아와서, 수용기간을 다 채우고 출소하면 안 되겠냐고 했다. 한시라도 빨리 벗어나고 싶은 교도소일 텐데, 도대체 무슨 연유이냐 물었더니, 영성훈련 프로그램이 2개월이 남았는데 이 프로그램을 다 마치고 나가고 싶다는 것이었다. 결국 그 형제는 영성훈련 프로그램을 모두 수료하고 만기출소를 하였다.

소망교도소에 입소하는 사람들 중 크리스천의 비율은

20% 가량이다. 그러나 출소할 때에는 90%가 예수님을 믿는 사람이 되어 나간다. 여기에 소망교도소의 존재 이유와 가치가 있다. 죄를 지어 교도소에 들어온 사람들이 예수님을 믿고 새 사람이 되는 것, 이곳에서 영혼이 거듭나고 도덕적으로도 성장하여 세상으로 나가 다시 죄를 짓지 않는 것. 이것이 그토록 기독교 민영교도소를 세우고자 노력했던 이유이다. 교도소에서 보내는 시간이, 인생을 좀먹고 버려지는 아까운 시간이 아니라, 새로운 삶을 준비해서 나갈 수 있는 시간이 되도록 모두가 노력하고 있다.

매주 주일과 목요일에 예배를 드리고, 성경공부를 하고 나면 수용자들의 눈빛이 달라진다. 세상을 향한 적개심이 사라지고 어느 순간 온화한 눈빛으로 돌아온다. 온몸에서 소망이 빠져나간 것처럼 보였던 그들이, 사랑과 소망으로 점점 충만해지는 것이 느껴진다.

소망교도소에는 '가족 만남의 날'이 있다. 소망교도소에 처음 들어온 수용자들은 3개월 동안 신입교육을 이수하는데, 이 신입교육 수료식 날에는 특별히 수용자의 가족들을 초청한다. 수용자들은 그 자리에서 가족에게 편지를 쓰고 세족식을 진행한다. 또한 '아버지 학교'라는 프로그램도 있다. 수용자들 상당수는 어린 시절 아버지로부터 받은 상처가 해결되지 않은 상태였다. 부모에 대한 원망과 불신이 삶을 바닥까지 끌어내린 것이다. 소망교도소는 그런 사람들의 마음을 보듬 어주고, 앞으로 가족 안에서 아버지로서 어떻게 살아가야 하 는지를 가르쳐 준다. 수용자의 자녀들이 아버지를 범죄자가 아니라 죄를 뉘우치고 반성한 아버지로 기억하기를, 수용자 들이 다시 가족에게 돌아갔을 때 외면당하지 않고 가족의 품 에서 온기를 느끼기를 바라는 마음으로 이 프로그램을 만들 었고, 실제로 많은 사람들이 이 프로그램을 통해서 변화되었 다. 아버지 학교를 이수한 어느 수용자는 가족 만남의 날 행 사에서 눈물을 흘리며 소감을 말했다.

"저는 어릴 때부터 아버지와 관계를 단절하고 살았습니다. 제 아이는 제가 교도소에 오는 바람에 아버지와 단절이 됐지 요. 교도소에 와 아버지 없이 살고 있는 자식을 생각하면서 많은 생각이 들었습니다. 세상의 성공만 바라보고 살다보니 제가 한 행동이 죄인 줄도 몰랐습니다. 폭주기관차처럼 멈추 지 못했지요. 이제 와 너무 늦었지만, 아버지 없이 세상에 남 겨진 저희 아이들과 가족, 그리고 저로 인해 피해 입은 모든 분에게 죄송합니다. 뉘우치고 살겠습니다."

사람은 누구나 변화할 수 있고 다시 시작할 수 있다. 하나 님의 자녀로서, 또 아이들의 아버지로서 다시 태어나기 위해 애를 쓰며 잠시 소망교도소에 머무는 모든 아버지들에게 따뜻한 미래가 있기를 소망한다.

# 함께 밥을 나누고,
이름을 부르다

'교도소'라고 하면 우리는 TV 드라마나 영화에서 보았던 장면을 떠올린다. 겨우 누울 공간이나 확보되는 좁은 방에 빼곡하게 사람들이 모여 있는 모습. 그 안에서 서열이 매겨지고, 서열이 높은 사람의 눈치를 보며 배식구로 들어오는 밥을 바닥에 놓고 먹는 모습. 일상처럼 폭력이 일어나고, 서로를 사람 대 사람으로 존중하지 않는 모습. 그런 모습들을 매체에서 보며 우리는 '아, 지옥이 따로 없다!'는 생각을 한다.

요즘은 그렇게까지 폭력적인 수감환경은 아니라고 하지만, 우리나라뿐 아니라 해외 국영교도소 대부분은 여전히 열악한 환경에서 수감자들을 수용하고 있다. 빠듯한 예산으로 시설을 확충하기 어렵기도 하거니와, 수감자들 사이에 오래 전부터 굳어진 관행들이 개선되지 않고 전해져 내려오는 것을 막기란 쉬운 일이 아닐 것이다.

죄를 지은 사람이라 할지라도 어떤 환경에 놓이느냐에 따라 인생의 다음 행보가 결정된다고 볼 수 있다. 교도소라는 열악한 환경에서 반성은커녕 세상을 원망하다가 복역을 마치고 다시 세상에 나갔을 때 다시 죄를 저지르고 그곳으로 돌아오는 일이 더 이상 일어나서는 안 된다는 것이 소망교도소 설립의 배경이었다. 소망교도소는 도돌이표처럼 계속되는 범죄의 쳇바퀴를 멈추고, 수용자들에게 새로운 환경을 선물하여 그들이 새로운 삶을 시작하도록 돕는 것을 목표로 삼았다. 소망교도소에 처음 입소하면 8개월 동안 작업 없이 인성 교육을 받는다. 어떠한 강요도 노동도 없이, 일단 그들의 상처받은 마음을 어루만지며 충분히 치유할 수 있는 시간을 주는 것이 우선이었다.

소망교도소에는 수용자 공동식당이 있다. 배식구를 통해 식사를 전달받는 것은 비인간적이라는 판단으로 처음 설계할 때부터 아주 중요하게 고려했던 부분이다. 한 끼를 먹더라도 식탁에 앉아서 인간으로서 존중받는 기분을 느낄 수 있게 하기 위해 내린 결단이다. 처음에는 공동 식사를 법무부에서 허용해주지 않았다. 그러나 이는 교화의 한 방법이며, 인간으로서 그들을 대접해야 한다고, 이로 인해 문제가 생기면 교도소에서 모든 책임을 지겠다고 하며 끈질기게 법무부를 설득한 끝에 결국 공동식당 식사를 허가받았다.

인간의 먹는 행위는 단지 생존을 위해 에너지를 얻고 신체기능을 유지하기 위한 행위를 넘어, 사회적인 활동의 의미가 있다. 인간과 인간이 마주하고 밥을 먹으면 서로 유대감이 형성된다. '식구食口'라는 말은 '밥을 함께 먹는 사람'이라는 뜻이다. 눈을 맞추고 함께 밥을 먹으면서 서로를 이해하게 되면 불필요한 싸움이 일어나지 않는다.

수용자들을 수용번호가 아닌 이름으로 부르는 것 또한 존중의 표현이다. 일반교도소는 질서와 규율을 강화하고 효율을 높인다는 이유로 수감자들을 숫자로 호명한다. 숫자로 사람을 부른다는 것은 그 사람 고유의 인간성을 무시하는 일이며, 자기를 영영 찾을 수 없게 만드는 일이 될 수도 있다. 세상에 숫자로 불리기를 바라는 사람은 없을 것이다. 소망교도소 사람들은 함께 눈을 마주치고 서로의 이름을 불러준다. 자원봉사자나 직원들도 수용자들을 ○○○형제님이라고 친절하게 부른다. 이처럼 소망교도소는 서로의 이름을 부르며 마주보고 앉아 식사하면서 서로의 회복을 돕는 교도소이다.

또 소망교도소에서는 매주 화요일마다 예술인들의 재능 기부로 문화행사가 열린다. 예술인들에게도 이러한 봉사활동이 의미가 있는 일인지, 1월 중순이면 이미 그해의 출연자 리스트가 꽉 찬다. 익히 잘 알려진 예술인들도 많이 다녀갔다. 수용자들은 문화행사에는 의무적으로 참석해야 한다. 인간은 예술을 접할 때 가장 순수해진다고 한다. 음악, 미술 등 예술을 접하면서 인간은 자기 자신을 돌아볼 시간을 가지게 되고, 또 내가 문화인이 되었다는 자부심을 가지게 된다고 한다. 일 년에 어쩌다 있는 이벤트성으로 그치는 것이 아니라, 일주일에 한 번씩 일 년 동안 꼬박꼬박 쌓인 52번의 문화예술행사로, 수용자들의 마음에도 '문화인'이라는 선한 바탕이 마련된다. '내가 문화인인데 죄를 지으면 안 되지!' 하는 자아반성의 계기도 된다고 한다.

이처럼 소망교도소는 자유를 억압하는 곳이 아닌, 상호 존중 위에서 진정한 교화가 이루어지는 교도소를 지향한다. 억압이 아닌 존중에서 질서를 찾아야 그들도 훗날 우리와 함께 살아갈 수 있는 공동체의 일원이 될 수 있을 것이다. 실제로 이러한 존중을 받으며 수용자들은 피해자들의 아픔에 공감하고, 책임감을 갖게 된다. 섬김을 받으면서 스스로를 회복하고 그 힘으로 다른 이를 섬길 줄 아는 사람으로 거듭나게 되는 것이다.

소망교도소에는 다른 교도소에서는 절대로 상상할 수 없는 또 하나의 행사가 있다. 바로 '홈커밍 데이'이다. 한 번 교도소에 다녀온 사람들은 다시는 그쪽 방향을 향해서는 볼일도 안 본다고 하는 말이 있을 정도로, 다시 생각조차 하기 싫은 곳이 교도소 아닌가. 그러나 소망교도소 출소자들은 홈커밍 데이에 교도소를 다시 찾아와, 이곳에서 자신이 변화된 이야기를 수용자들에게 들려준다. 심지어 그들을 위한 영치금을 넣어주기도 한다. 이곳에서 배웠던 사랑이 아니라면 어떻게 이런 일이 가능하겠는가.

소망교도소에서만 볼 수 있는 특별한 광경이 또 하나 있다. 출소하는 날이 되면 운동장에서 교도관들과 출소자가 함께 모여 기도를 한다. 그리고 그동안 고생했다, 감사했다는 인사를 나눈다. 한시라도 빨리 벗어나고 싶은 교도소일 텐데, 출소하기 전 교도소의 각 사무실을 돌며 한 시간이고 두 시간이고 누가 시키지도 않았는데 직원 한 사람 한 사람에게 감사하다는 인사를 전한다. 이것이야말로 이들이 새 사람이 되었다는 증거가 아닐까? 교도소에서 일하는 직원들은 죄를 저질러 교도소에 들어온 사람들이 새 사람이 되어가는 모습을 눈앞에서 지켜본 증인들이다. 가나의 혼인잔치에서 예수님의 말씀에 순종하여 물을 떠온 하인들처럼, 물이 포도주로 변하는 순간을 목격한 것이다. 소망교도소 직원들은 이렇게 감사 인사를 전하며 교도소를 나가는 사람들을 보면, 소망교도소에서 일하는 것에 대한 자부심과 감사함을 가지게 된다고 말한다.

최근 소망교도소가 전 세계적으로 관심을 받고 있다. 범죄학 및 교정학 분야에서 최고의 권위를 가지고 있는 미국 존 제이 형사사법대학교의 로버트 맥크리 교수가 지난 10년간 전 세계의 교도소를 리서치한 결과, 가장 우수한 교정교화프로그램을 지닌 교도소 다섯 개 중 하나로 소망교도소를 꼽았다. 이 발표가 있기 전에도 전국 교도소의 많은 수감자들이 소망교도소에 오기를 갈망하고 있다. 부디 더 많은 사람들이 소망교도소에서 새로운 삶을 찾게 되기를. 아니 우리나라 수용자 모두가 하나님의 자녀로 살며 소망을 회복하기를, 그리하여 더 이상 소망교도소가 필요 없는 세상이 오기를 간절히 기도한다.

6장

검은 　절망을
희망으로
절망을

회복의
불가능을 넘어

2007년 12월 7일 금요일, 추운 겨울 아침이었다. 오전 7시 6분, 거제로 이동하던 삼성중공업 예인선단의 해상크레인 한 대가 충남 태안 앞바다에서 정박 중이던 홍콩 유조선 허베이스피릿 호와 충돌했다. 20만 톤의 대형 유조선에는 어마어마한 기름이 들어 있었다. 구멍 난 유조선에서 검은 기름이 끊임없이 쏟아져 나왔고, 거친 바다의 날씨로 인해 유조선에 접근해서 구멍을 막는 것은 불가능한 상황이었다.

뉴스 채널마다 현지의 상황을 띄웠다. 실시간으로 기름을 쏟아내는 유조선의 모습과 점점 새카맣게 변해가는 바다가 보였다. 기름덩어리들이 바닷물을 휘감아 꿀렁꿀렁 제멋대로 움직이고 있었다. 훗날 보고된 바에 의하면 이날 유조선에서 쏟아져 나온 원유는 1만 2547kl로, 총 375km에 이르는 해안을 뒤덮었다고 한다. 기름을 업어 묵직해진 파도가 밀려올 때마다 그만큼 세상은 검게 변했다. 사고 직후 정부에서는 추운 날씨로 기름이 응고되어 해안선까지 밀려오지는 않을 것이라고 전망했지만, 기름 파도는 얼지도 멈추지도 않고 해안가의 바위와 모래를 덮쳤다. 사고 당일 오후에 이미 학암포, 구례포, 신두리, 천리포, 만리포, 모항 등 태안군의 서해안 전 해역이 기름에 점령당했고, 남해안까지도 오염이 확산됐다.

태안은 갯벌도 있고 양식장도 많은 곳이었다. 바다를 믿고 살아가는 어민들의 삶의 터전이었다. 눈앞의 바다가 검은 색으로 변해가는 광경은 마치 곡식이 다 자란 논에 잡히지 않는 불길이 활활 이는 것과도 같을 것이었다. 저대로 두었다가는 어민들의 삶의 근간인 아름다운 서해 바다를 잃고 말 것이었다. 전문가들의 의견 역시 비관적이었다. 수십 년이 흘러도 다시 회복되지 못할 것이라는 암울한 예측들을 내놓았다.

사고로 뚫린 유조선 구멍 세 개는 이틀이 지나서야 막을 수 있었다. 그 사이 1만 9백 톤의 기름이 청정해역이었던 태안 앞바다로 쏟아졌다. 순식간에 일어난 일이었다. 당시 서해안의 광경은 처참했다. 검은 기름을 뒤집어쓴 바닷게와 바닷

새들이 뒤뚱거렸다. 하늘 위에서 찍은 영상을 보아도, 온통 새카만 그곳이 원래 바다였다는 것을 짐작하기란 어려웠다.

어민들의 삶 또한 피폐해졌다. 양식장과 갯벌에서 살아가던 바다 생물들이 다 사라졌고, 그 자리에는 시커먼 기름 덩어리들이 둥둥 떠다녔다. 어민들의 삶의 터전이었던 바다는 온데간데없고, 일하는 틈에 잠시 앉아 쉬곤 하던 갯바위들도 기름에 덮여 미끌미끌했다. 일터가 사라진 사람들은 망연자실했다.

온 바다를 뒤덮은 엄청난 양의 기름을 어떻게 제거할지 각계각층에서 방안을 내놓았다. 불을 놓아 연소시키는 방법에 대한 논의도 있었으나 지리적 환경적 요인으로 인해 불가능하다는 결론이 났다. 그렇다고 그대로 손놓고 있을 수도 없는 일이었다. 조수와 해류를 따라 기름이 어디까지 흘러갈지 모를 일이었다. 이미 37곳의 해수욕장이 피해를 입었고 굴, 바지락, 전복, 해삼 양식장들이 문을 닫았다. 태안을 찾은 겨울 철새와 바다의 모든 생물들도 기름에 뒤덮여 죽어갔다. 어떻게든 기름을 닦아내야만 했다.

환경단체들이 먼저 바위에 묻은 기름을 닦아내겠다며 태안으로 향했다. 김삼환 목사 역시 사고 일주일 뒤인 12월 14일 오전, 한국교회 대표들에게 긴급 모임을 요청했다. 교계에서도 이 사태의 심각성을 인식하고 도울 방법을 고민하는 중이었다. 당시 교계는 아프가니스탄 선교팀 피랍사건으로 인해 사회의 질타를 받는 중이었다. 선교의 취지와는 다르게 무모한 행동이었다는 사회적 비난 여론이 거셌다. 이럴 때일수록 교회가 하나되어 더 적극적으로 앞장서서 섬겨야 한다는 한국교회 지도자들의 목소리가 모아졌다.

'서해안 살리기 한국교회봉사단'은 그렇게 탄생했다. 누구 하나 반대하는 이 없었다. 모두가 한마음으로 교회들과 교인들이 움직여야 한다는 것에 동의했다. 한국교회봉사단의 설립 취지문은 다음과 같다.

"12월 7일 태안 앞바다의 기름 유출 사고는 하나님의 창조 질서를 파괴하였고 1만여 명의 어민들에게는 당장 생존의 문제가 걸린 엄청난 재난이었습니다. 여기서 우리는 한국교회 내에 여러 면으로 분산된 봉사를 보다 더 짜임새 있게 공유하고 효율성을 높이기 위하여 초교파적으로 전국교회가 하나되는 서해안 살리기 한국교회봉사단을 출범하게 된 것입니다."

김삼환 목사가 한국교회봉사단의 대표가 되었다. 한국교회는 지금까지 우리나라 역사에서 사회 발전과 변화에 큰 힘이 되어 왔다. 이번에도 서해안 회복이라는 국가적 과제에 한국교회가 큰 역할을 할 것이었다. 검은 괴물 같은 기름이 덮인 바다에서 어민들을 구하고, 새들과 물고기들에게 다시 건강한 바다를 되돌려 주기 위해 한국교회는 힘을 합쳐야 했다.

그렇게 한국교회봉사단의 서해안 살리기는 시작되었다. 방제작업과 관련된 교육 및 관리를 담당하는 상황실부터 만들었다. 미끄러운 돌 틈에서 방제작업을 하다가 넘어져 다칠 위험이 있었고, 피부 접촉이나 기름 냄새 등으로 인해 2차 피해를 입을 수 있었으므로 철저한 교육이 필요했다. 상황실에서는 봉사를 하러 모인 한국교회 성도들에게 효과적인 기름 제거 방법을 알려주고, 오염 지도 등을 나누어 주며 효율적인 작업이 이루어질 수 있도록 도왔다. 전국 각지에서 성도들이 모여들었다. 기적이 시작되고 있었다.

태안으로 달려간
사람들

한국교회 대표들과의 긴급회의 다음 날, 김삼환 목사는 바로 태안으로 내려갔다. 모래사장, 해안절벽, 바위틈과 자갈밭……. 바닷물이 닿는 모든 곳이 검은 기름으로 뒤덮여 있었다. 마스크를 써도 기름 냄새가 진동했다. 바닷바람이 제법 거셌다. 김삼환 목사와 일행은 방제복을 입고 분홍색 고무장갑을 끼고 바닷가 돌멩이 위에 철퍼덕 앉아 작업을 시작했다. 걸레와 부직포로 돌멩이에 붙은 기름을 일일이 닦아냈다. 바람이 한 번씩 지날 때마다 뺨이 얼었다. 닦아도 닦아도 그대로인 것 같았지만 많은 사람이 함께 하니 아주 조금 희미하게 표가 났다.

어민들의 이야기도 들어야 했다. 보통 이런 일이 벌어지면 배를 띄울 수 없게 된 선주船主들이 먼저 나선다. 선주들에게 는 선주협회가 있고, 이를 통해 자신들의 목소리를 낼 수 있다. 그러나 농촌에서 자란 김삼환 목사는 안다. 목소리조차 낼 수 없는 사람들이 있다는 사실을. 그는 한국교회봉사단에 서 동역하던 목사에게 맨손어업자들과 접촉하여 그분들을 지원해주자고 했다. 맨손어업자는 배는커녕 손에 쥔 것이라 고는 그저 호미밖에 없는 사람들이다. 호미로 갯벌에서 바지 락을 캐야만 수입이 생기는 맨손어업자들은 선주들처럼 조직이 있는 것도 아니었고, 그래서 어딘가에 어려움을 호소할 수도 없었다. 김삼환 목사는 배가 없어 더 먼 바다로 나가지 못하고 꼼짝없이 그 자리에 묶여버린 사람들, 일자리를 잃어 버린 사람들의 이야기를 들어보아야 한다고 했다. 그리고 한 집 한 집 다니며 쌀을 나누어주었다. 그에게도 쌀이 없어서 쌀독의 바닥을 긁던 때가 있었다. 쌀만 있으면 세상을 다 얻은 것 같은 기분을 그는 잘 알고 있다.

기름을 닦아내고 쌀독을 채우던 그때 전국에서 많은 국민들이 태안을 찾았다. 모두 자비로 방제복을 구해 입고, 검게 변한 바닷가에 앉아 기름을 닦았다. 누가 시키지도 않은 일이었다. 재난의 현장을, 아름다웠던 바다를 복구하기 위해 사람들은 자기 일처럼 나섰다. 명성교회 성도들도 팔을 걷어붙였다. 전 교인이 자원봉사에 참여했다. 2007년 12월 15일 김삼환 목사가 처음 태안 현장에 갔을 때 동행했던 성도들이 함께 봉사하였고, 12월 24일부터는 본격적으로 명성교회 청년대학부 젊은이들이 태안에서 봉사활동을 시작했다. 예수님이 태어나신 크리스마스 전날, 젊은이들은 하나님께서 가장 기뻐하시는 일을 했다. 연말의 흥청망청 들뜬 분위기 속에서 즐거운 시간을 보내는 대신, 이웃을 돕기 위해 자신의 소중한 시간을 드린 것이었다. 연말이 지나고 새해가 되어서도 명성교회 젊은이들의 발길은 끊이지 않았다. 고등부, 대학부, 청년부에서만 1,300여 명이 참여했다.

한국교회봉사단이 출범한 뒤로 명성교회 교인들은 계속해서 교회버스를 타고 태안으로 갔다. 담임목사인 김삼환 목사가 한국교회봉사단 대표인데 교인들이 가만히 있을 수는 없었다. 살을 에는 추위에 곁불 하나 없이 차가운 맨바닥에 앉아 하루 종일 고개를 숙이고 기름 냄새를 맡으며 돌을 닦는다는 것은 봉사와 섬김의 마음이 없다면 절대로 할 수 없는 일이었다. 모두가 서해안 살리기 프로젝트의 영웅이었다.

서해안 살리기는 개신교계 전반이 지니고 있는 봉사정신을 보여준 아주 좋은 사례가 되었다. 그동안 이런저런 오해를 받고 있던 한국교회는 우리가 가장 잘 하는 일, '봉사'를 통하여 세상에 그 진실함과 진정성을 알리게 되었다. 현장에 찾아와 기름을 닦은 한국교회 성도들은 27만여 명이었다. 그들은 모두 개인 경비로 참여했다. 각자 돈을 내고, 자신의 시간을 쪼개어 추위에 떨면서 고개를 숙이고 기름을 닦았다.

한번은 태안에 정부부처 관계자들이 와서 김삼환 목사와 인사를 나누었다. 장관이 "서해안 살리기 자원봉사자의 70% 이상이 크리스천"이라는 말을 전했다. 김삼환 목사는 앞으로도 한국교회가 환경 문제에 앞장설 것이라고 약속했다. 한국교회의 성도들은 '이제 다른 마을로 가자'고 말씀하셨던 예수님처럼 어려운 사람들을 섬기는 데 최선을 다했다. 꼭 해야 하지만 아무나 할 수는 없는 일을 성도들이 해내고 있었다.

서해안 기름 유출 사고 두 달 뒤인 2008년 2월 18일, 한국교회봉사단은 이벤트를 마련했다. 그날을 '한국교회 지도자 자원봉사의 날'로 정하고 명성교회와 여의도순복음교회, 사랑의교회 등을 비롯한 전국 22개 교회에서 3천여 명의 성도가 모여 함께 봉사하기로 했다. 태안의 신노루해수욕장에 모인 3천여 명의 성도들이 기름을 닦는 모습은 그림처럼 아름다웠다.

성도들은 틈만 나면 태안으로 내려갔다. 방제복을 입고 고

무장갑을 끼고 앉아서 기름을 닦았다. 한국교회 성도들의 자원봉사 활동은 한국 사회에 귀감이 되었다. 기독교 정신을 실천했던 진짜 기독교인들의 봉사가 믿음이 없는 이웃들까지 감동시켰다. 그들은 영하의 강추위에도 굴하지 않고 추위를 견디며 바위와 돌 틈에 배인 기름 찌꺼기를 닦아냈다. 167km에 달하는 해안선에 깔려 있던 검은 기름은 그렇게 자원봉사자들의 손에 조금씩 지워져 갔다.

작업은 빠르게 진행되었다. 봄바람이 불기 시작한 3월 말에는 사람들이 자주 드나들던 만리포해수욕장이 예전의 모습을 되찾았다. 완연한 봄이 오고, 꽃이 피고, 한 계절이 지나 태양이 뜨거워질 즈음 자원봉사자 현장 투입이 종료됐다. 2008년 6월이었다. 사고가 발생한 지 7개월 만이었다. 이미 두어 달 전인 4월부터는 어업활동도 다시 재개된 상황이었다. 다시는 물고기를 낚을 수 없을 거라고 생각했던 어부들은 힘차게 조업에 나섰다. 삶의 모든 것을 빼앗겼던 사람들이 다시 일상을 찾은 것이다. 다시 꽃박람회가 열리고, 사람들이 모여들고, 갈매기가 날아오르고, 갯벌 체험을 하러 온 아이들의 웃음소리가 울려 퍼졌다. 서해안이 회복되려면 몇 십 년은 걸릴 것이라던 전문가들의 예상이 보기 좋게 빗나갔다.

그렇게 절망은 희망으로 바뀌었다. 우리는 기적을 이루어

냈다. 모든 것이 제자리로 돌아갔다. 시커먼 괴물 같던 바다
는 제 물빛을 찾아갔고, 새카맣게 변해버렸던 갯바위와 자갈
들도 제 색깔로 돌아왔다. 푸른 바다 위로 다시 새하얀 새들
이 날아올랐다. 그 과정에서 누구보다 애쓴 사람들은 태안군
민들이었다. 그들은 끝까지 포기하지 않았고, 마침내 자신들
의 일상을 되찾았다. 봉사하러 온 외지 사람들을 상대하면서,
기름을 지워내며 오로지 삶을 복구시키기 위해 애를 썼다.

사고 10년 뒤인 2017년, 정부는 서해안 유류피해 극복 10주
년을 기념하는 행사를 열었다. 완벽하게 되돌아온 우리의 바
다가 눈앞에 펼쳐졌다. 그것은 기적이었다. 2017년 가을 만
리포해수욕장 앞에 태안유류피해극복기념관이 세워졌다. 그
리고 『태안 유류피해 극복 기록물』이 삼국유사와 함께 유네
스코 세계기록유산 아시아태평양지역목록에 등재되었다. 약
22만 2천 건에 달하는 방대한 해양 재난 극복 기록이 이 기록
물에 담겨 있다. 당시 자원봉사자 123만여 명 중 80만 명이
한국교회 성도들이었다. 섬기는 마음으로 한걸음에 달려간
우리 한국교회 성도들이 아니었다면, 이 모든 기적은 어쩌면
일어나지 못했을 수도 있다.
유네스코 등재를 기념하여 한국교회봉사단 대표로 김삼환

목사에게 김태흠 충남도지사가 감사패를 수여하였다. 김삼환 목사는 추운 바닷가에서 언 손을 녹이며 기름을 닦던 80만 성도들의 섬김에 감사하며 감사패를 받았다. 태안 기름 유출 사고는 너무나도 안타까운 재난이었다. 그러나 재난을 당한 사람들과 파괴된 자연을 외면하지 않고 하나님의 마음으로 아파하며 달려간 한국교회 성도들을 통해, 시대의 어려움 속에서도 교회들이 하나되어 함께 섬기는 일의 중요성을 모두가 깨달을 수 있었다. 앞으로도 한국교회는 어려움을 당하는 이웃을 외면하지 않고, 모두가 하나되어 두 팔을 걷고 섬김에 나설 것이다.

작은 불꽃이 파도가 되어

7장

가장
어두운 곳에서

치유의
길을 찾다

'위안부' 할머니의 쉼터 '우리집'

2011년 말, 명성교회는 한해를 마무리하며 뜻 깊은 순간을 맞이했다. 개척 이후 세 번째로 건축한 성전이 완공되어 입당감사예배를 드리게 된 것이다. 그 날 입당감사예배에는 명성교회 성도들 외에도 김영삼 전 대통령 내외를 비롯한 수많은 정관계 인사들과 교계 지도자들이 참석하였다. 많은 사람들이 와서 새 성전 헌당을 축하해주었다.

명성교회는 오래 전부터 절기나 뜻깊은 날에는 이웃과 함께하는 나눔을 실천해 왔다. 새 성전 입당 감사예배를 드렸던 그날도 역시 여러 사회적 문제로 어려움을 겪고 있는 분들에게 위로를 전했다. 용산참사 유가족, 한국정신대문제대책협의회, 논현동 고시원참사 유가족 및 부상자, 이천 냉동창고 화재사건 유가족, 쌍용자동차 사망자 유가족, 한국교회봉사단, 강동지역교회협의회 미자립교회, 노숙인 사역기관인 거리의천사들, 한국탈북민정착지원협의회, 홀사모 가정, 소년소녀가장, 서해안 원유 유출 피해 가정, 북한동포, 양평 예일교회 개척지원, 다문화가정, 성남 소망의집, 천안함 연평도 피해자 유가족, 하남 비닐하우스 화재 가정 등에 성금을 전달했다.

김삼환 목사는 그중에서도 '위안부' 할머니들을 생각하면 늘 마음이 아팠다. 시대의 희생자로 평생을 고통 속에 살아온 할머니들이었다. 새 성전이 지어지기 얼마 전, 한국정신대문제대책협의회와 만났던 한국교회봉사단이 김삼환 목사에게 열악한 환경에서 지내는 할머니들의 처우 개선을 부탁했다. 그 시기에는 '위안부' 할머니들의 수요집회가 1,000회를 넘어가고 있었다. 그러나 안타깝게도 일본으로부터 사과를 받았다는 소식은 듣지 못했다. 할머니들이 바라는 건 진심이 담긴 사과와 보상인데, 그 단 하나의 바람이 이루어지지 않은 채 야속하게 세월만 가고 있었다.

김복동 할머니를 비롯한 세 분의 할머니가 세 들어 지내고 있던 집은 1978년에 지은 오래된 집이었다. 30년도 훌쩍 넘은 집이니 외풍도 있었고 물이 새기도 했다. 여름에 비가 오면 양동이를 대놓아야 할 정도였다. 젊은 시절 고초를 겪고 이제는 몸이라도 편히 계셔야 하는 분들이 날씨를 걱정하며 지내야 했다. 설상가상으로 할머니들의 쉼터가 있는 지역이 재개발 지역으로 지정되었다. 결국 건물을 비워줘야 할 처지까지 간 것이었다. 할머니들 중 누구도 당신의 운명이 그렇게 되리라 생각했던 사람은 없을 것이다. 그 할머니들을 잘 모시는 것도 교회의 일이었다.

할머니들의 안락한 쉼터를 마련하는 일이 시급했다. 할머니들에게 어떤 집에 살고 싶으시냐 물었더니 감나무가 있는 조그마한 마당이 있는 집이면 좋겠다고 했다. 그 말씀대로 연남동에 지하 1층 지상 2층짜리 단독주택을 매입하여 '우리집'이라는 '위안부' 할머니들의 쉼터를 마련하게 되었다. 거동이 불편한 할머니들을 위해 엘리베이터도 설치했다. 정대협 관계자는 그동안 쉼터를 옮기려고 여러 곳에 협조를 요청했지만 이렇게 움직여주는 것은 명성교회뿐이라고 했다.

김삼환 목사는 일본대사관 앞에서 열리는 수요집회에도 참석하기로 했다. 주변에서는 그에게 시위에 나가 마이크를 잡는 것이 적절하지 않다고 그를 만류하였다. 그러나 그는 그 자리에서 꼭 하고 싶은 이야기가 있었다. 우리가 그동안 너무

무심해서 할머니들의 이런 상황을 잘 모르고 있었다, 이제야 알게 되어 죄송하다고 사과를 하는 일이었다. 처음 한국교회여성연합회에서 한국 사회에 '위안부' 할머니들의 존재를 알렸으니, 할머니들의 여생에 교회가 함께하겠다고 약속했다.

'우리집' 개관예배에서 할머니들은 한동안 그의 손을 잡고 놓지 않았다. 일본의 사과를 못 받은 것도 통탄스럽지만 무관심한 사회 분위기가 더 마음이 아프다고 했다. 교회의 관심이 고맙다는 말을 하고 또 하셨다. 꼭 잡은 할머니 손에는 온기가 가득했다.

누구도 풀지 못했던
용산 참사

"네 이웃을 사랑하라"는 예수님의 말씀은 인간 사의 모든 일에 적용된다. 이것은 이웃에게 친절을 베풀라는 뜻만이 아니라, 용서와 화해 그리고 중재에도 해당하는 말이다. 사회에 풀기 어려운 갈등이 발생했을 때 교회가 중재자 역할을 하는 것은 어찌 보면 당연하다. 화해할 수 있는 기회를 주는 것, 용서할 수 있는 기회를 주는 것 또한 네 이웃을 사랑하라는 예수님의 말씀을 실천하는 일이다.

2009년 1월에 용산 참사가 일어났다. 재개발 사업으로 인한 철거 과정에서 철거민들과 경찰 간의 충돌로 6명이 사망하고 23명의 부상자가 발생했던 비극적인 사건이었다. 낙후된 지역을 개발하겠다는 취지로 시작한 용산 재개발 사업은 기존 거주민들의 이주 대책과 보상 문제로 난항을 겪고 있었다. 특히 고충을 겪은 건 세입자들이었다. 세입자들은 재개발 사업으로 임대료가 상승해 경제적 어려움을 겪는 중에 터전을 옮기라는 청천벽력 같은 소리를 들었다. 철거대책위원회가 만들어졌으나 협상은 답보상태였고 결국 2008년 겨울에 철거를 맞았다. 절박해진 철거민들은 5층짜리 상가 옥상을 점거하고 농성을 벌였다. 살기 위한 방편이었다. 그리고 이듬해 2009년 1월, 경찰이 특공대를 동원해 진압을 시도하면서 사고가 일어났다. 불이 난 것이다.

한겨울 벼랑 끝에 몰린 울부짖음처럼 타오르던 불은 철거민 5명과 경찰특공대원 1명의 목숨을 앗아갔다. 불길은 또 다른 갈등을 낳았다. 이제는 철거민 유가족과 경찰 유가족의 갈등이 시작되었다. 갈등이 낳은 또 하나의 갈등은 불길만큼 뜨거웠고, 도무지 잦아들 것 같지 않았다. 서로 등을 돌린 채 앞만 보고 자신의 이야기를 외쳤다. 목이 터지게 억울함을 외쳤으나 서로 마주하질 않으니 상대방의 이야기를 들을 수 없었다.

그렇게 1년이 지났다. 한국교회봉사단의 요청으로 김삼환 목사가 중재에 나섰다. 그러나 가족을 잃은 사람들이 손을 맞잡고 서로 용서하고 화해한다는 것은 말처럼 쉽게 되는 일이 아니었다. 서로가 서로를 긍휼히 여겨야만 가능한 일이었다. 상대방의 잘못으로 가족을 잃었다고 생각했던 그들이 그럴 수 있었을까? 어쩌면 상대방과 화해를 한다는 것은, 생을 마감한 가족에게 못할 짓을 하는 것으로 느껴지지 않았을까? 당사자가 사라진 자리에서, 화해와 용서는 쉽게 결정할 문제가 아니었다. 그러나 이대로 서로를 미워하기만 하는 것도 답은 아니었다. 용서하지 못한 채 사는 삶은 지옥과 다름없었다.

절대로 마주보려 하지 않으려는 그들을 돌려세우기 위해 김삼환 목사는 직접 나섰다. 한국교회봉사단과 교계에서 경찰 측 유가족과 철거민 유가족들을 끈질기게 설득하여 만남을 주선하였고, 결국 성사되었다. 화해하러 온 자리에서도 그들은 등을 돌리고 앉아서 얼굴을 보려 하지 않았다. 결국 김삼환 목사가 두 사람의 손을 한데 잡고 화해를 시켰다. 서로 등을 돌렸던 사람들이 얼굴을 마주보고 손을 잡게 된 것이다. 그날 철거민 유족 대표는 말했다. 처음엔 불편하고 멋쩍었지만, 억지로라도 자리가 만들어져 다행이라고. 그렇게 하지 않았더라면 화해할 수 없었을 거라면서 고마워했다.

첨예하게 대립했던 사람들이 서로 마주보고 화해의 손을 내밀었던 그 다음날, 한국교회봉사단은 경찰 특공대 고故 김남훈 경사의 집을 찾았다. 김 경사의 방에는 경찰 정복이 그대로 걸려 있었다. 김 경사의 어머니가 아들을 생각하며 없애지 못하게 해 걸어둔 것이라고 했다. 아들의 흔적을 볼 때마다 가슴이 미어졌다는 김 경사의 아버지는 하늘로 떠난 아들도 이번 화해를 통해 비로소 편안해졌을 것이라며 기도를 부탁했다고 한다. 이제 앞으로 울 일 없이 행복하기를, 서로를 마주보고 안아준 그날을 잊지 말고 평생 사랑하고 사랑받으며 살아가기를 오늘도 기도한다.

논현동 고시원 참사의
장례를 치르다

거리의 모든 불이 꺼진 후에야 그들은 한 평 작은 방에 몸을 뉠 수 있었다. 가족의 생계를 위해 혼자 한국으로 건너와 일을 해야 했던 중국 동포 여성들. 하루 종일 사람으로 붐비는 영동시장 곳곳에서, 그들은 없어서는 안 될 사람들이었다. 자정이 넘어도 불이 꺼지지 않는 강남 한복판의 영동시장. 가게 문은 취객들이 다 집으로 돌아간 뒤에야 닫혔고, 그들은 그제야 작은 고시원 방으로 돌아왔다.

2008년 10월 20일 그날도 자정 넘어 새벽녘이 다 되어 고시원으로 돌아온 그들은 각자의 방으로 흩어져 잠이 들었다. 깊어가는 가을의 쓸쓸한 바람소리가 자장가가 되어주었다.

231

쓰러져 잠든 그들이 비몽사몽 깨어난 것은 오전 8시가 지나서였다. 고시원에 3층에 살고 있던 또 다른 투숙자가 자기 방 침대에 휘발유를 뿌리고 불을 질러 화재경보기가 울린 것이다. 피로도 풀리지 않은 몸으로 꿈인지 생시인지 분간도 되지 않는 정신으로 황급히 방에서 나온 그들을 기다리고 있던 건 날카로운 흉기였다. 불을 낸 범인은 흉기를 들고 복도에서 사람들을 기다렸다. 그리고 불길을 피해 뛰쳐나온 사람들을 마구 찔러댔다.

흉기에 찔려 5명이 숨지고 7명이 부상을 입었다. 사망자는 모두 6명이었는데 그중 한 명은 흉기와 불길을 피해 창문으로 뛰어내렸다가 즉사했다. '묻지마 살인'이었다. 이런 일이 서울 강남 한복판에서 벌어졌다는 것에 모두가 경악했다. 아무런 죄도 없이, 그저 살기 위해서 가족과 떨어져 홀로 지내는 사람들에게 일어난 잔혹한 사건이었다. 심지어 이들에게는 장례비도 없어, 피해자들은 장례를 치르지 못하고 있다고 했다.

김삼환 목사는 한국교회봉사단 대표로 한국기독교교회협의회, 한국기독교총연합회 등과 함께 절차를 밟아 이들의 장례예배를 드리기로 했다. 그리고 일주일 후 삼성동 서울의료원에서 유가족들과 함께 합동장례예배를 치렀다. 그날 유족들과 만난 자리에서, 교계 단체들과 한국교회봉사단이 함께 성금을 마련해서 그들을 지원하기로 약속했다. 유족들은 소리 없이 눈물만 뚝뚝 떨어뜨렸다.

가난에서 벗어나기 위해, 가족의 행복을 위해, 한국에 돈 벌러 갔던 아내와 어머니가 비명횡사했는데, 유족들은 병원비와 장례비용에 대한 독촉으로 인해 비통에 잠길 새도 없었다고 했다. 한국에서 부쳐준 돈으로 생활하던 가족들이 그 엄청난 액수의 비용을 감당할 형편이 되었을 리 만무했다. 어머니가 방화와 살인에 의해 죽어갔다는 사실만으로도 정신을 차릴 수 없는데 돈의 압박을 받으니 더욱 힘들다고 했다. 얼마나 괴로웠을까. 이제 사랑하는 아내와 어머니는 어디에도 없다. 그 사실을 받아들이는 것만으로도 가슴이 미어졌을 것이다. 흉기에 찔려 눈을 감은 가족의 죽음이 믿기지 않았을 유가족들에게 병원비는 차가운 현실이었다.

장례예배를 마치고 김삼환 목사는 "부활이요 생명이 되시는 주님의 귀한 말씀을 받아들이고 소망이 되시는 예수님을 바라봅시다."라고 말하며 그들을 다독였다. 예수님을 알고 하나님께 의지한다면 시련 속에서도 희망을 찾을 수 있을 것이라고 위로했다. 차가운 현실에 절망하지 말고 따뜻한 위로가 있었음을 꼭 기억해달라고도 당부했다. 각 가정에 위로금도 전달했다.

　예수님은 언제나 고아와 과부, 이방인들을 품으셨다. 조금만 관심을 가지고 둘러보면 우리 주변에는 이런 사람들이 어디에나 있다. 사회적, 경제적으로 소외된 사람들에게 우리가 가진 것을 나누고, 그들을 돌보고 섬기는 마음은 예수님의 마음과 같은 것이다. 하나님께서 주신 것들을 아낌없이 나누며 날마다 예수님을 닮아가는 우리가 되기를, 그렇게 사명을 감당하는 우리가 되기를 기도한다.

쌍용자동차 사망자
유가족에게 희망을

　　2011년 12월 24일 크리스마스 이브, 명성교회는 드디어 새로 건축한 성전에 입당하게 되었다. 역사적인 새 성전 입당예배의 주제는 다름 아닌 '나눔과 섬김'이었다. 김삼환 목사는 아프고 소외된 이들을 보면 그냥 지나치지 못한다. 누구라도 도움이 필요한 사람들이 있다면 그들을 돕는 것을 하나님께서 주신 사명으로 생각했다. 새 성전 입당예배 2부 순서인 '나눔과 감사의 시간'에 우리가 도와야 할 많은 사람들을 초청했다. 그 중에 쌍용자동차 해고 노동자 관련 사망자 19명의 가족들이 있었다.

　　쌍용자동차 사태는 2009년 5월, 3천 명이 넘는 노동자들

235

이 77일 간 파업을 하며 회사의 구조조정에 저항했지만 결국 정리해고의 칼날을 맞으며 시작되었다. 해고된 사람들은 회사 정문 앞에서 무기한 농성에 들어갔다. 하루아침에 실직자가 된 노동자들은 어느 순간부터 스스로 세상을 등지기 시작했다. 한 명이 두 명이 되고, 두 명이 세 명이 되고······. 그렇게 죽음의 행렬이 시작됐다.

그들은 쓰고 나서 함부로 버려지는 일회용품이 아닌, 소중한 삶과 꿈을 가진 존재들이었다. 그들이 한 것이라곤 가장으로서, 아버지, 아들, 친구로서 각자의 자리에서 최선을 다해 살았다는 것뿐이었다. 회사를 위해 열심히 일해 온 그들에게 갑작스런 해고는 모든 일상을 앗아갔다. 아이들은 학원을 그만두고 아내는 일자리를 찾아 나섰다. 그 모습을 보며 괴롭고 슬프고 미안해하면서 그들은 무기력과 상실감으로 고통스러워했다. 잃어버린 일자리를 되찾지 못한 그들의 슬픔은 경제적 문제를 넘어, 가족과의 관계, 자존감, 그리고 미래에 대한 불안으로 이어졌다. 그리고 그것을 견디지 못한 사람들은 결국 하나둘 스스로 목숨을 끊었다.

희망이 보이지 않을 때 사람들은 삶을 포기한다. 쌍용차 해고 노동자들에게 '희망'은 사라진 단어였다. 김삼환 목사는 뒤늦게서야 쌍용자동차 유족에 대한 이야기를 들었다. 가장

이 사라진 춥고 쓸쓸한 빈자리를 채울 수 있는 것은 아무것도 없을 것이다. 하지만 누군가가 아픔과 슬픔을 함께 나누고 응원하고 있다는 사실이 조금이라도 위로가 되지 않을까. 김삼환 목사는 새 성전 입당예배에 초청된 쌍용차 해고 노동자 관련 사망자 19명의 가족에게 위로금을 전달했다. 그리고 쌍용자동차 본사 앞에서 복직 투쟁을 벌이며 농성 중인 해고자들이 겨울을 날 수 있도록 한국교회봉사단의 이름으로 방한복도 전달했다.

주변에서는 노조를 돕는 것에 대해 우려를 표했다. 또한 진보 성향의 정당이 이들을 지지하고 있다며, 그에게 왜 이들을 돕느냐고도 물었다. 그는 이렇게 말했다.

"나는 보수도 돕지만 진보도 돕습니다. 돕는 일에는 정치나 이념이 중요하지 않습니다. 보수냐 진보냐가 중요한 것이 아닙니다. 딱하고 힘든 사람을 보면 지나치지 말고 당연히 도와야 하지 않겠습니까? 그것이 바로 예수님의 마음 아닐까요? 그것이 목회자의 마음이어야 하지 않을까요? 돌아가신 한경직 목사님께서도 좌나 우나, 남이나 북이나, 보수나 진보나 할 것 없이 교회는 모두를 다 품어야 된다고 하셨습니다."

나눔이란 때로는 힘든 길을 함께 걷는 것이고, 서로의 아픔을 이해하는 것이다. 나눔의 손길을 내밀 때 그 작은 손길이 큰 변화를 만들어낼 수 있음을 믿는다. 사랑이 가득한 새 성전에서, 우리의 나눔이 그분들에게 티끌만한 희망이라도 되어주었기를 바란다.

8장

코로나를 만난
지나며 기적들

희망의 불씨가
꺼지지 않도록

코로나19 팬데믹으로 전 세계는 인간이 얼마나 나약한 존재인지를 여실히 깨달았다. 눈에 보이지도 않는 작은 바이러스 하나를 해결하지 못해 온 인류가 공포에 떨었다. 인간은 얼마나 하찮은 존재인지, 우리 인간이 아무리 안간힘을 써도 팬데믹은 좀처럼 해소되지 않았다.

그 시절 교회는 쓸쓸하기 그지없었다. 활기차고 따뜻한 웃음소리가 가득했던 성전은 고요한 침묵 속에 갇혔다. 성도들이 앉아야 할 의자는 텅 비었고, 예배당에는 더 이상 찬양이 울려 퍼지지 않았다. 주일마다 인산인해를 이루었던 교회 앞마당에는 개미 한 마리도 보이지 않았다. 교회에 오지 못하는 성도들의 마음은 오죽했을까? 예배당에 나올 수가 없으니 다들 집에서, 어떤 교인들은 교회 마당에 차를 대고 차 안에서, 줌Zoom과 유튜브로 예배를 드렸다. 저녁이 되면 교회 주변을 산책하며 이 어려움이 빨리 지나가게 해달라고 기도하는 성도들도 있었다. 대면예배를 드리지 못하니 교회 재정이 어려워질 것을 걱정해서 헌금을 모아두었다가 평일에 교회에 와서 헌금을 드리고 가는 성도들도 있었다.

코로나가 가져온 고독과 상실의 아픔 속에서, 우리는 다시 만날 날을 기다리며 희망의 불씨를 간직해야 했다. 그날이 오면, 다시 함께 예배드리고 기도하며, 서로의 존재를 소중히 여길 수 있으리라. 이 모든 어려움을 이겨낸 후 우리는 더욱 단단해진 공동체로 다시 태어날 것이었다.

그러나 믿음만 가지고 버틸 수 있는 교회가 얼마나 될까. 사회적 거리두기로 교인들이 모이지 못하자 재정난으로 결국 문을 닫게 된 교회도 많았다. 더 이상 생계를 유지할 수 없게 된 목사들이 택배 일을 하기도 했다. 당장 눈앞의 바이러스를 막기에도 역부족이었다.

명성교회는 일단 급한 대로 교회들의 방역을 지원했다. 작은 교회들과 지역 기관들에 마스크와 손소독제를 보냈고, 특별관리지역이었던 대구, 경북, 부산, 경남, 충청권은 자립대

상교회(미자립교회)를 중심으로 400여 교회의 예배당과 사택 등의 방역을 지원했다.

2020년에는 명성교회 창립 40주년을 맞이하여 코로나19 기금위원회를 설립하여 어려움을 겪는 이웃들과 기관들, 국내외 선교지를 돕기 위한 기금을 조성하였다. 김삼환 목사는 코로나19로 위기를 맞은 지방의 교회들을 하나하나 다니면서 어떤 어려움들이 있는지를 세심하게 살피고 그들에게 꼭 필요한 도움을 주었다. 그는 수십억에 달하는 지원을 아끼지 않았다. 생활이 어려운 곳에는 생활비를, 아픈 사람들에게는 치료를, 건축이 필요한 곳에는 건축을 지원했다.

코로나는 우리나라나 아시아만의 일이 아니라 전 세계적인 재난이었다. 특히 세계 각국으로 나가 선교 사역을 펼치고 있는 해외 선교사들은 타국에서 어려움이 많았다. 선교사들이 주로 파송된 곳은 우리보다 가난한 나라들이라, 의료 환경이 열악한 것은 물론, 마스크도 구하기가 어려웠다. 게다가 코로나19로 인해 아시아인에 대한 혐오가 퍼져 안전을 보장받기도 어려웠다. 잠시 한국으로 돌아오고 싶어도 하늘길이 다 막혀 그조차 마음대로 할 수 없었다. 그러나 선교사들에게 가장 힘들었던 것은 앞으로 선교를 할 수 없을지도 모른다는 현실이었다. 그러한 불안과 두려움을 안고 세계 곳곳에서 이 시기를 견디고 있는 선교사들을 지원하기 위해 해외 선교지 국가별로 현황을 파악하고 긴급지원금과 마스크를 전달했다.

코로나19는 여러 사람을 힘들게 했으나 한편으로 우리를 돌아보게 해준 계기가 되었다. 풍요로운 세상을 살면서 오히려 다른 이들을 돌아볼 기회를 놓치고 살았던 사람들에게 서로를 도우며 견디고 이겨내는 인간성을 회복하도록 해주었다. 김삼환 목사는 늘 나쁜 일이 벌어지면 왜 이런 일이 일어나느냐고 한탄하기보다는 힘든 일 속에서 하나님의 은혜와 축복과 기적을 발견하자고 말해 왔다.

십자가 위에서도 다른 사람을 축복했던 예수님의 가르침을 기억하며, 우리는 서로를 살피고 지탱하며 코로나19라는 커다란 강을 건넜다. 돌아보면 언제 그런 일이 있었나 싶게 벌써 아득한 과거처럼 느껴진다. 코로나19를 통해 우리는 수많은 기적을 만났다. 기금이 필요한 곳에 쓰인 것 또한 하나님의 은혜였다. 지금부터 코로나19 시기에 받은 은혜들을 돌아보고자 한다.

잿더미 속에서
꽃피운 희망

2019년 4월 4일, 식목일 전날에 강원도의 숲이 불길에 휩싸였다. 동해안에 강풍주의보가 내린 날이었다. 봄빛이 무색하게 거센 바람이 모든 것을 흔들었다. 작은 불씨는 바람을 타고 화마로 변해 바람을 타고 넘실댔다. 마을을 하나 둘 집어삼키며 폭주하는 기관차처럼 달려나갔다. 고성의 한 야산에서 시작된 불은 꺼질 생각을 하지 않고 속초 시내를 향해 나아갔다. 잘못하면 인명피해까지 일어날 수 있는 상황이었다. 다음날 오전, 국가재난사태가 선포됐다. 전국의 소방차들이 강원도로 집결했다. 식목일 당일 밤에야 주불을 진화하고 있다는 소식이 들려 왔고, 이틀이 지나서야 완전히 불길이

잡혔다. 그 불로 여의도 면적의 두 배나 되는 산림이 피해를
입었다. 불에 탄 건물은 400채가 넘는 주택을 포함한 각종 시
설물 1,100여 곳이었는데 그중에는 교회도 여럿이었다.

강원도 산불재해는 김삼환 목사가 담임목회 은퇴 후에 어
려운 교회들을 돕기 위해 빛과소금(現 소금의집)이라는 봉사
단체를 설립하고 전국의 작은 교회들을 다니며 순회예배를
드리던 시기에 일어난 일이었다. 산불로 인해 속초 영동극동
방송 건물이 전소되었다는 이야기를 듣고 그는 부랴부랴 화
마가 휩쓸고 간 폐허를 찾아갔다. 영동극동방송 건물 2층에
는 속초농아인교회가 있었다. 교회 한 쪽을 사택으로 사용하
던 담임전도사는 옷가지 하나도 못 들고 나왔다. 예배당이고
사택이고 할 것 없이 전부 타버린 그 곳은 아직도 화재의 열
기가 가시지 않고 있었다. 집과 교회를 잃고, 소중한 기억이
담긴 곳이 사라진 사람들의 눈빛은 한없이 처량했다. 그 아
픔 속에서도 사람들은 서로를 위로하고, 함께 일어설 방법을
찾았다. 급한 대로 주일 예배를 드리기 위해 야외에 천막을
쳤다. 김삼환 목사는 지친 얼굴 하나하나를 바라보며 이야기
했다.

"기도합시다. 우리가 할 수 있는 건 기도밖에 없어요. 불이
나기 전에도 그랬고, 지금도 기도뿐입니다. 앞으로도 기도해

야 해요. 그것이 이 피해를 잘 수습하는 길입니다. 여러분들이 기도하시면 그 뒤에서 저희들은 할 수 있는 역할을 감당하겠습니다."

예배를 마치고 피난민들에게 준비한 패딩 점퍼를 전달했다. 교인뿐 아니라 마을 주민들 것까지 마련해서 골고루 나누어 드렸다. 모두 신발만 겨우 신고 뛰쳐나와 당장 입을 옷도 없었다. 4월의 속초는 아직 추웠다. 화재를 진압하느라 일선에서 가장 애쓴 소방대원들에게도 잊지 않고 감사의 선물을 전했다.

그해 6월에는 여수낭도교회에 불이 나서 예배당이 전소되었다. 누전으로 인한 불이었다고 한다. 다행히 주일 예배가 모두 끝나고 새벽에 일어난 사고여서 인명 피해는 없었고, 교회 바로 옆에 있던 사택 건물에는 불이 옮겨 붙지 않아 담임목사와 가족들도 무사했다. 그러나 예배당이 전소되어 성도들이 예배를 드릴 곳이 없다는 이야기가 8월 기독공보에 실렸다.

낭도는 여수에서도 배를 타고 두 시간이나 더 들어가야 하는 섬이다. 지금은 다리가 놓였지만 그 당시만 해도 다리가 없어서 배를 따로 대절해서 갔다. 화마가 휩쓸고 간 낭도교회

터에는 기둥도 벽도 없이 시멘트 바닥만이 남아 있었다. 김삼환 목사는 그대로 시커먼 바닥에 무릎을 꿇고 기도했다. 교회는 주님의 몸인데, 그런 교회가 다 불타 없어져 버리다니요, 우리가 제대로 지키지 못했습니다, 하고 오랫동안 회개 기도를 했다. 여수낭도교회 담임목사는 8월 햇볕에 뜨겁게 달아오른 시멘트 바닥에 무릎을 꿇고 기도하는 김삼환 목사 일행을 보고, '나도 거기서 무릎 꿇고 기도를 안 해봤는데……. 김삼환 목사님은 나보다도 이 교회를 더 사랑하시는구나'라는 생각을 했다고 한다.

여수낭도교회에는 40여 명의 교인이 출석하는데, 대부분이 80대 노인이었다. 화재 이전에도 교회가 언덕배기에 있어서 노인들이 보행보조기를 밀고 출석하기가 쉽지만은 않았다. 불타버린 교회를 다시 지어주기로 하고, 기왕이면 교인들이 쉽게 왕래할 수 있도록 언덕 아래 길가로 옮겨보자고 했다. 명성교회에서 특별새벽집회 헌금과 기독실업인회의 지원으로 교회 건축과 냉난방 설비, 집기를 마련해주었다. 그러는 사이에 낭도에 다리가 놓아져서 건축 과정 또한 더욱 수월해졌다. 예로부터 바닷가, 특히 섬 지역은 미신이 강했다. 교회에 불이 나니까 섬사람들은 '봐라, 교회는 이제 끝났다'고들 했다. 그런데 불이 났던 교회가 망하지 않고 전보다 더 좋은 건물을 세우자, 섬사람들도 이전과 다른 태도로 교회를 대하게 되었다고 한다.

　로마서 12장 15절의 '우는 자들과 함께 울라'는 말씀은 김삼환 목사의 삶의 태도와 맞닿아 있다. 녹아내린 철근의 열기가 그대로인 현장에서, 바닥밖에 남지 않은 교회에서, 그는 무릎을 꿇고 함께 울며 기도했다. 재난의 상황에서 우리는 함께 기도하며 희망을 찾아 나선다. 함께 울고 함께 기도하는 것. 소금처럼 녹아서 많은 이들을 섬기는 것. 희망은 그 위에서 꽃을 피워 낸다.

수해 현장에서
피어난 연대

　　코로나19와 함께 시작했던 2020년. 그해 여름
은 하늘에 구멍이라도 뚫린 듯 비가 내리는 계절이었다. 여느
해 같았으면 휴가를 떠나느라 전국의 도로들이 들썩였을 7월
말, 8월 초에도 강한 비가 계속되었다. 호남지역에도 폭우가
쏟아졌다. 호우주의보는 곧 호우경보로 바뀌었고 섬진강 인
근 주민들에게는 대피 명령이 떨어졌다. 400mm가 넘는 비
가 그칠 줄 모르고 쏟아지고 있었다. TV 화면 속에는 물에 잠
긴 지붕들이 보였다. 구례였다. 섬진강댐 방류로 섬진강이 범
람했다. 봄이면 산수유가 흐드러지던 곱디고운 섬진강의 모
습은 온데간데없고, 마을을 집어삼킨 황토 빛 흙탕물만이 보

였다.

구례군에서 낸 통계에 따르면 섬진강의 지류인 서시천의 범람으로 1천 8백억 원이 넘는 재산 피해와, 1천여 명의 이재민이 발생했다고 한다. 코로나19로 가뜩이나 긴장한 채 하루하루를 버티고 있었는데, 설상가상으로 자연재해까지 입게 된 것이다. 잠긴 건물 통계에는 교회도 많이 포함되어 있었다. 물 위에 십자가 탑만 살아남은 교회들. 물이 빠진 뒤 교회 안은 온전한 것이 하나도 남아 있지 않았다. 교인들은 낙담할 수밖에 없었다. 어디서부터 손을 대야 할지 막막한 상황이었다. 교회뿐 아니라 교인들의 집도 다 수해를 입어 엉망이었다.

남원 금남교회의 한 성도는 집에서 공구를 들고 교회를 찾아와 이렇게 말했다고 한다. "이 일이 결코 나쁜 일이 아닙니다. 하나님께서 더 좋은 것으로 주시려고 하시는 겁니다. 우리 교회는 복 받은 겁니다." 그는 세례를 받은 지 1년이 채 되지 않은 성도였다고 한다.

수해로 인해 2차로 발생할 수 있는 안전사고나 위생 및 건강 등의 문제 때문에 수해복구는 신속하게 진행되어야 했다. 이들이 하루빨리 성전을 되찾아 예배를 드릴 수 있도록 바로 움직였다. 사람의 손이 필요하면 도움의 손길을 보내고, 물질적인 도움이 필요하면 지원을 아끼지 않았다. 김삼환 목사는 침수피해를 입은 교회와, 피해를 입은 교인들이 많은 교회의 목회자들을 만났다. 그들에게 당장 필요한 것들과 우리가 해 주었으면 하는 일이 무엇인지 귀 기울여 들었다. 피해를 입지 않은 교회의 목회자들도 수해를 당한 교회를 돕기 위해 발 벗고 나섰다.

빛과소금에서는 직접적인 피해를 입은 구례 실로암교회와 구례 섬진강교회를 찾아갔다. 구례 실로암교회는 배수시설 보수공사를, 구례 섬진강교회는 화장실 리모델링 공사를 할 수 있도록 지원했다. 교회뿐만 아니라 침수피해를 입은 교인들과 또 인근 주민들의 가정에 보일러를 지원하는 것도 잊지 않았다. 침수되었던 실내를 건조시키기 위해서는 보일러 설치가 시급했다.

섬진강 수해복구가 어느 정도 진행되면서 가을이 찾아왔다. 9월에 다시 태풍 마이삭이 제주도를 휩쓸었다. 오랜 역사를 가지고 있던 제주 도두교회는 태풍으로 교회와 사택 지붕이 반파되는 사고를 겪었다. 무시무시한 바람으로 지붕이 무너져 내렸다. 김삼환 목사는 성도들과 함께 도두교회를 찾았다. 빛과소금을 통해 피해복구비를 전달했다. 말씀대로 살아가는 신실한 도두교회의 성도들이 온전한 지붕 아래서 하나님께 예배드리게 되기를 기도했다.

재난을 겪으면 삶의 우선순위와 가치관을 재조정하게 된다. 진정으로 소중한 것들의 의미를 다시 생각하고, 물질적인 것보다 더 중요한 것들이 있음을 깨닫는 계기가 된다. 재난을 당한 이들이 어려움 속에서도 누군가가 내밀어주는 따뜻한 마음을 발견하고 다시 삶의 의지를 다질 수 있도록, 우리는 더욱 주위를 살펴보며 나눔과 섬김의 삶을 살아야 할 것이다. 수해를 입은 미자립교회의 모든 성도들이 고통과 상실을 딛고 일어나기를 기도한다.

나를 꼭 필요한 곳에
써주십시오

우리의 선교사 이준재. 그는 불모의 땅 파키스탄으로 스스로 뚜벅뚜벅 걸어 들어간 참된 그리스도인이었다. 이준재 선교사는 장로회신학대학 대학원에서 공부하면서 아내 이미영 선교사와 함께 인도 선교를 준비하며 "나를 꼭 필요한 곳에 써주십시오."라고 기도했다. 이준재 선교사는 목사 안수를 받은 후 명성교회에서 부목사로 사역하며 선교에 대한 비전을 품고 매일 밤 12시까지 기도했다. 그는 기도의 사람이었다.

1999년 김삼환 목사가 LA집회로 미국을 방문했을 때 이준재 목사는 미국에서 유학중이었다. "목사님, 저 파키스탄에

작은 불꽃이 파도가 되어

서 선교하기로 결심했습니다."라는 이준재 목사의 이야기에 김삼환 목사는 깜짝 놀랐다. 그는 이 목사를 만류했다. 파키스탄이라는 나라는 기독교인들에게 배타적인 곳이었다. 자칫하면 위험한 일을 겪을 수도 있었다. 그의 만류에 이 목사는 이미 결정한 일이라며 걱정 말라고 했다. 김삼환 목사는 마지못해 1년만 다녀오라고 했다.

"1년은 너무 짧죠. 2년은 가야지요. 딱 2년만 그곳에서 선교하겠습니다. 하하."

이준재 목사는 호탕하게 웃었다.

그해 여름, 이준재 목사는 아내와 두 아이들을 데리고 파키스탄으로 떠났다. 그는 파키스탄의 쓰다에라는 곳에 학교를 세워 아이들에게 공부할 기회를 주었다. 쓰다에의 초중고 학생들이 매일 아침 하나님의 말씀을 들었다. 이준재 목사는 약속한 2년을 훌쩍 넘겼다. 학교는 나날이 발전했고 이준재 목사가 세운 뉴라이프 교회도 점점 성도들이 늘어갔다. 이준재 목사는 영어학교도 열었다. 회교도의 땅에 작은 신학교도 문을 열었다. 한국의 신학교와는 비교할 수 없는 규모였지만 파키스탄 신학교 졸업생들은 교회개척, 전도, 선교단체 등 여러 곳에서 열심히 사역을 하며 제 역할을 다했다.

이준재 목사는 그렇게 20여 년간 파키스탄에 하나님의 말씀을 심어 나갔다. 2년이 20년이 되었지만 바로 어제 온 사람처럼 열정적으로 일했다. 그런 이준재 목사가 사역하던 파키스탄에도 코로나19가 찾아왔다. 거리두기와 봉쇄가 시작되었고 휴교령이 지속됐다.

이준재 목사는 아직 코로나19가 한창이던 2021년 1월 말 한국을 찾았다. 그동안은 선교지의 일로 바빠서 한국에 오고 싶어도 자주 올 수 없었다. 코로나19로 아무것도 못하게 된 상황에서 파키스탄 선교에 관심을 가지고 힘을 보태달라고 기도를 부탁하기 위해 한국을 방문한 것이다. 이준재 목사는 파키스탄 공교육의 무상교육화로 어려워진 크리스천 학교와 낙후된 지역 학생들에 대한 돌봄 사역 그리고 몇 년 뒤 은퇴하는 본인의 후임을 위해 김삼환 목사와 명성교회 교인들에게 기도를 부탁했다.

한 달여의 한국 체류를 마치고 3월 초에 이준재 목사가 다시 파키스탄으로 돌아간다고 했을 때, 김삼환 목사는 왜 벌써 가느냐고, 어차피 그곳에 가도 할 수 있는 것이 없는데 좀 더 있다가 가라고 아쉬운 마음을 전했다. 이준재 목사는 빙그레 웃으며 그곳에도 자기를 기다리는 사람들과 일이 있으니 가야 한다면서 곧 다시 보자는 인사를 남기고 떠났다.

"목사님, 후임자 꼭 보내주셔야 합니다."

이준재 목사는 파키스탄으로 돌아가 특별새벽집회를 인도했다. 그리고 며칠 후 감기증세가 나타났고 약을 복용해도 낫지 않아 코로나19검사를 받았다. 검사결과는 양성이었다. 파키스탄의 열악한 의료환경으로 인해 바로 입원을 할 수가 없었다. 약 처방을 받고 자가격리를 했는데 며칠 후 상태가 급격히 나빠졌다. 숨이 가빠지자 그제야 입원을 할 수 있었다. 산소호흡기를 쓰고 집중치료를 받았는데도 나아지지가 않았다.

아내인 이미영 선교사가 한국으로 연락을 해 온 것은 그 무렵이었다. 이미영 선교사도 신장 수술을 받아 몸이 많이 약해져 있는 상태였는데, 미국에 가족을 만나러 갔다가 파키스탄으로 돌아가려는 중이었다. 이미영 선교사는 미국에서 출발하는 가장 빠른 비행기 티켓을 알아보고 있다면서, 명성교회에 기도를 부탁했다. 김삼환 목사는 예배 시간에 성도들과 함께 울며 부르짖으며 기도했다.

"하나님, 이준재 살려주세요. 이준재 이렇게 데려가시면 안 됩니다!"

병원에서는 산소호흡기만 착용하고 있으면 곧 회복할 것이라고 말했다. 그나마 있던 산소호흡기도 고장이 나서 인근 병원에서 빌려와야 했다. 상태는 더 나빠졌다. 이미영 선교사는 다시 교회로 전화를 해 도와달라고 부탁했다. 명성교회에서는 곧바로 에어앰뷸런스를 띄워 이준재 목사를 한국으로 이송했다. 에어앰뷸런스에 몸을 싣고 돌아온 이준재 목사를 바로 만나고 싶어도 질병관리법상 코로나 환자는 바로 격리가 되었다. 다행히 한국으로 돌아온 뒤 산소포화도가 안정되었다는 소식이 들려왔다.

그런데 그것도 잠시, 사흘 후 결국 이준재 목사는 하나님 곁으로 부르심을 받았다. 젊음, 지식, 고귀한 일생을 파키스탄의 영혼들을 구원하는 일에 바쳤던 이준재 목사는 그렇게 2021년 4월 14일, 순교자가 되었다. 이준재 목사의 장례는 명성교회에서 치러졌다. 그의 영정사진 앞에서 김삼환 목사는 흐르는 눈물을 멈출 수 없었다. 우리가 파송한 자랑스러운 선교사 이준재가 이렇게 하늘나라로 떠나버리다니!

인간의 한계를 뛰어넘고 어려움을 이겨내며 자신의 역할을 다한 고귀한 순교자 이준재 목사. 이준재 목사의 마지막 선교 보고서에는 이렇게 쓰여 있었다.

"탈레반의 폭탄 테러와 폭력으로 가득한 나라인 파키스탄이 낙후된 환경임에도 하나님의 은혜와 긍휼로 주님의 나라와 선교 사역이 성장하고 있습니다. 파키스탄 선교를 위한 명성교회의 기도와 사랑으로 가능한 일이었습니다. 파키스탄 모든 성도, 교사들과 함께 진심으로 감사드리며, 모든 영광과 찬송을 주님께 돌립니다."

　김삼환 목사와 명성교회의 모든 성도들은 태양처럼 뜨겁고 새벽별처럼 빛나던 이준재 목사를 영원히 잊지 못할 것이다.

9장

끝까지
이 길을 걸어가겠습니다

주는 것이
행복입니다

김삼환 목사가 어릴 적, 자신의 밥 반 공기를 그에게 나눠 주던 한 친구가 있었다고 한다. 모두가 배고팠던 시절이라 밥을 나눠 준다는 것은 엄청난 일이었다. 조금이라도 더 먹고 싶을 어린 나이에 선뜻 자신의 밥을 나눠주는 친구를 보며 그는 생각했다. '어떻게 가진 것의 반을 줄 수 있지?' 친구에게 자세히 묻지도 못했다. 물어봤다가 친구가 주었던 밥을 다시 달라고 할까봐 두려웠다. 눈앞의 밥 반 공기가 너무 소중했던 그는 왜 주느냐고 묻지도 않고 밥을 먹었다. 훗날 친구에게 그때 왜 나에게 반 공기를 나눠주었느냐고 물었을 때 "너는 내 친구니까."라는 대답이 돌아왔다. 그러니까 그 밥은 우정이고 사랑이었던 것이다. 내가 가진 것의 반을 뚝 떼어 나누는 마음, 그것이 사랑이다.

예수님은 항상 이웃을 사랑하라는 가르침을 주셨다. "주는 것이 받는 것보다 복이 있다"는 사도행전 20장 35절의 말씀과 "네게 구하는 자에게 주며 네게 꾸고자 하는 자에게 거절하지 말라"는 마태복음 5장 42절의 말씀을 좇아서, 김삼환 목사와 명성교회는 이웃을 섬기고 은혜를 나누는 일에 힘쓰고 있다. 김삼환 목사는 기독교는 '주는' 종교라고 말한다. 자기만을 위해 살면 재미가 없다, 남을 위해 살아야 신이 난다, 나누는 삶이야말로 진정으로 복 받은 삶이라고 말한다.

그가 자주 들었던 질문 중 하나는 '돕는 기준'이 무엇이냐는 것이었다. 기독교인이 아닌 사람도 도와주고, 보수나 진보에 상관없이 베풀고 나눌 수 있는 그 마음은 어디에서 오는 걸까? 그는 늘 이렇게 말하곤 한다.

"안타깝고 딱한 삶에 교인, 비교인, 좌파, 우파가 어디 있습니까? 그저 도움의 손길이 필요한 사람일 뿐입니다. 가다가 돌에 걸려 넘어진 사람일 뿐입니다. 누군가가 내 눈앞에서 넘어져 무릎에 피가 철철 흐르는데 교인이 아니라고 외면하고 가겠습니까? 그게 누구든 일으켜 세워주고, 우는 사람 옆에서 같이 울어주는 것이 그리스도인입니다."

하나님은 우리를 위하여 한없는 은혜를 값없이 주셨다. 죄악에 빠져 있는 우리들을 구원하기 위해 그 아들을 주시고, 그 아들의 죽음로 말미암아 우리는 생명을 얻었다. 우리의 길을 인도하시고, 절망의 구렁텅이에서 건져 주시며, 어디를 가든 동행하신다. 그리고 이러한 모든 은혜에 대가를 원치 않으신다. 아무런 대가 없이 우리를 자녀로 받아 주시고, 죄를 사해주시고, 구원하셨다. 그러니 우리도 아무런 대가 없이, 값없이 우리의 이웃에게 가진 것을 나누어 주어야 한다.

해마다 추수감사절을 앞두고 명성교회 성도들은 과일이나 채소 등을 자유롭게 헌물한다. 교회학교 어린이들도 집에서 가장 좋은 과일을 준비해 와서 예배 시간에 헌물을 한다. 추수감사절이 지나면 헌물대에 올라온 과일들은 모두 주위의 어려운 이웃들이나 기관들과 나눔을 한다. 나누지 못하고 남겨두면 과일은 그대로 썩어버린다. 아무리 달고 맛있는 과일도 누군가 맛보지 않는다면 그 달콤함은 영영 알 길이 없다. 그렇게 되기 전에 다디단 열매를 함께 나눠 먹어야 한다.

자신의 생명까지도 아낌없이 주신 예수님처럼, 가진 것을 아낌없이 나누고 이웃을 낮은 자세로 섬기는 삶은 축복받은 삶이다. 주는 것이 남는 것이며, 가장 낮은 삶이 가장 높은 삶이다. 더욱 많은 사람들이 이와 같은 행복을 알고, 누리기를

소망한다. 내 몫의 따끈한 밥 한 공기를 나눌 수 있는 용기가
모두에게 주어지기를.

섬김은
사랑입니다

　　김삼환 목사에게 '섬김'은 삶의 근본적인 태도 이자 사역의 중심이다. 섬김의 길은 그에게 많은 이들을 만나게 해주었다. 그는 다양한 사람들을 만나고 그들의 이야기를 들었다. 삶의 아픔과 기쁨, 실패와 성공을 경험하는 수많은 영혼과 함께 걸어가는 과정에서, 그는 그 안에 숨겨진 하나님이 주신 은혜와 축복을 발견했다.

　섬김의 길이 항상 순탄하지만은 않았다. 그에게도 때로는 지치고 힘든 순간들이 있었을 것이다. 다른 목적이 있을 것이라는 세간의 오해를 받기도 했다. 하지만 그는 아랑곳하지 않았다. 세상 사람들이 자기 좋을 대로 생각하는 것에 큰 의미를 두지 않았다. 중요한 것은 예수님의 마음이었다. 하나님의 뜻이었다. 그는 길을 걷다가도, 해외 선교지를 다니다가도, 어려운 사람을 보면 그냥 지나치지 못했다. 섬김의 길은 그를 관통하고 있는 일관된 삶의 태도였다.

사람들이 그에게 섬김이 무엇이냐고 하면 그는 '사랑하는 것'이라고 답한다. 부모는 자녀를 대할 때 아픈 곳은 없는지, 어디 불편한 곳은 없는지 자세히 살핀다. 자식이 아프기라도 하면 차라리 자신이 아팠으면 좋겠다며 마음 아파하고, 밤을 새워 곁을 지킨다. 자식에게는 가장 좋은 옷을 입히고 싶고, 가장 맛있는 것을 먹이고 싶다. 왜일까? 자식을 사랑하기 때문이다. 사랑하는 마음이 바로 섬김의 마음이다.

섬김은 어려운 일이 아니다. 사랑하는 마음이 있다면 가능하다. 가진 사람만이 할 수 있는 것도 아니다. 때로는 작은 행동 하나로도 충분하다. 반찬으로 나온 달걀 프라이를 나누어 먹는 것, 커피 한 잔도 나누어 마시는 것, 누군가의 이야기를 귀 기울여 듣는 것, 힘든 날 위로의 말을 건네는 것, 이웃을 위해 기도하는 것이 모두 섬김이다. 섬김은 우리 일상 속에서 언제든지 실천할 수 있는 일이며, 그 작은 시작이 커다란 변화를 만들어낼 수 있다는 것을 잊지 말아야 한다.

레오나르도 다빈치의 〈최후의 만찬〉은 예수님과 12제자가 식탁에 앉아 마지막 저녁식사를 나누는 장면을 담고 있다. 이 벽화와 관련하여 전해지는 일화가 있다. 레오나르도 다빈 치가 이 장면을 그릴 때, 예수님의 얼굴에 대한 영감이 떠오르지 않아 엄청난 고생을 했다고 한다. 아무리 기도하고 밤새 노력을 해도 소용없었다. 당시 뛰어난 기술과 독창성으로 존경받던 천하의 그가 예수님 얼굴 앞에서 붓을 들지 못하는 지경이 된 것이었다.

그는 문제가 무엇일까 곰곰이 생각해보았다. 그림이 예전 같지 않은 이유, 자기 자신이 일에 집중하지 못하는 이유를 차근차근 되짚어 봤더니 한 가지가 걸렸다. 그는 당시 한 친구를 미워하며 원수처럼 지내고 있었다. 그는 그 길로 친구를 찾아가 손을 내밀어 화해했다. 미움을 사랑으로 바꾸고 나자 거짓말처럼 영감이 떠올랐다. 그의 마음속에 되찾은 사랑으로 인해, 자신의 죽음이 다가오는 것을 알면서도 마지막까지 제자들과 함께했던 거룩하고 아름다우신 예수님의 얼굴을 볼 수 있게 된 것이다.

사랑하는 마음으로는 못할 것이 없다. 눈앞의 장애물을 뛰어넘고 새로운 삶을 살게 한다. 그러므로 우리는 사랑하며 살아야 한다. 사랑을 가슴에 품고 세상을 바라보는 것이 바로 섬김의 삶이다.

농어촌의 미자립교회, 홀사모들, 어렵게 공부하는 학생들, 사회적 재난을 당한 사람들, 집을 잃고 일자리를 잃고 가족을 잃은 사람들, 아무도 돌봐주지 않는 사람들, 저 먼 아프리카에서 병원에 가지도 못하는 사람들, 나라가 가난하다는 이유로 굶주리고 배우지 못하던 사람들, 가족과 떨어져 타국에 일하러 온 사람들, 가진 것이 없어 꿈조차 꾸지 못했던 사람들……. 이 모든 외로운 사람들을 김삼환 목사는 사랑하는 마음으로 돌보고 섬겼다.

그리고 그는 지금도 계속해서 어려운 곳을 찾아다닌다. 혹시라도 놓친 곳이 없는지, 보이지 않는 곳에 도와줄 사람들은 없는지 먼저 찾아 나선다. 그는 하늘나라에 가는 그날까지 이 길을 계속해서 걸어갈 것이다.

끝까지 이 길을
걸어가겠습니다

성경은 66권으로 되어 있다. 신·구약 66권을 한 단어로 압축하면 바로 '사랑'이 될 것이다. 하나님을 사랑하고, 이웃을 내 몸 같이 사랑하라는 것이 성경이 주는 가르침이다. 이것을 지키며 살아가는 것이 성경 말씀대로 사는 삶이 될 것이다.

이 책은 김삼환 목사의 사랑 이야기이다. 예수님의 사랑을 이웃과 나누고, 그들을 돌보고 섬기는 사랑의 이야기이다. 농촌에서 태어난 그는 '머슴 목회' 철학을 지니고 있었다. 그는 주인이신 하나님께 절대 복종하는 머슴, 성도들을 섬기는 머슴, 세상과 나누며 사는 머슴이 되기로 했다. 머슴은 주인뿐만 아니라 주인의 자녀들에게도 충성한다. 그러기 위해 자신을 한없이 낮추고, 예수님처럼 고아와 과부들, 병들고 소외된 분들을 섬겼다. 그들 모두가 하나님의 자녀이기 때문이다.

그는 지금껏 해온 일들을 알리지 않고 그저 머슴으로서의 역할만을 묵묵히 감당해 왔다. 머슴으로서 그것이 당연하다고 생각했기 때문이다. 명성교회 교인들이 세상에 꼭 알렸으면 했던 사역들도 많았다. 그러나 그는 드러내지 않기를 원했다. 그가 교회의 이름이 아닌, 개인적으로 한 일들은 명성교회 교인들도 모르게 할 것을 신신당부했다. 교육, 의료, 군경, 교정, 장애인, 해외 선교지에 이르기까지 도움이 필요한 곳에 그의 손이 미치지 않은 곳이 없지만 그는 나눔과 섬김은 머슴으로서 해야 할 당연한 도리이지 드러내어 자랑할 일이 아니라고 생각했다.

그럼에도 김삼환 목사의 사역 60년을 기념하여 지금까지 명성교회 교인들조차도 자세한 내막을 알지 못했던 이 수많은 나눔과 섬김의 이야기들을 세상에 소개하는 것은, 갈수록 양 극단으로 분열되고 있는 우리 사회에 화합과 통합의 메시지를 던지기 위해서이다. 약한 자와 소외된 자들을 돌보는 일에는 모두가 하나되어야 한다. 이를 가능하게 하는 것은 오직 예수님께서 우리에게 본을 보이신 사랑, 섬김, 그리고 나눔이다. 서로 싸우고 비판하다가 다같이 구덩이에 빠지지 말고, 앞으로 나아가기 위해 모두 힘을 합쳐야 할 때이다.

이 책에 담긴 것은 그동안의 김삼환 목사의 수많은 사역들의 일부이다. 미처 담지 못한 이야기들도 많다. 그러나 이 책을 읽은 독자들이 내 주머니 안에 있는 것은 내 것이라는 생각을 버리고 섬김과 나눔의 길에 동참했으면 좋겠다.

성경의 창세기에는 요셉이 받은 복이 나온다. "요셉은 무성한 가지 곧 샘 곁의 무성한 가지라 그 가지가 담을 넘었도다"(창세기 49장 22절) 어려서부터 하나님을 경외했던 요셉은 남들과 다르게 살았다. 형들로부터 미움을 사고 애굽 사람들에게 어려움을 당했지만 결국 요셉은 애굽의 총리 자리에 올라 가족들을 모두 구원했다.

김삼환 목사도 어릴 적부터 다르게 살았던 사람이다. 제사를 지내지 않는다고, 교회를 간다고, 아버지에게 맞기도 하고 친척들에게 멸시천대를 받기도 했다. 그러나 하나님께서는 다르게 살고자 하는 그에게, 남들과 다르게 보는, 더 멀리 보는 눈을 주셨다.

그럼에도 그는 늘 모든 것이 하나님의 은혜라고 말한다. 그리고 그가 섬길 수 있도록 도와준 명성교회 교인들에게 감사한 마음을 잊지 않는다. 그는 주님 오시는 그날까지 한국사회와 세계 방방곡곡의 도움이 필요한 곳에서 사명을 감당하는 삶을 살 것이다. 힘들고 고된 시련이 와도 지금까지 그랬던 것처럼 이 길을 끝까지 걸어갈 것이다.

물질적 가치를 최고의 가치로 여기고, 기업도 개인도 더 많은 부를 축적하는 것에 혈안이 된 지금의 사회에서, 여러분도 조금은 다르게 살아보기를 권한다. 그리하여 요셉처럼 샘 곁의 무성한 가지가 담을 넘는 삶이 되기를.

작은 물결이
파도가 되어

초판 1쇄 발행 2025년 12월 25일
초판 2쇄 발행 2025년 12월 30일

지은이 은파기념사업회
펴낸이 조미현

책임편집 박이랑
디자인 어나더페이퍼
마케팅 이예원, 공태희
제작 이현

펴낸곳 현암사
등록 1951년 12월 24일 (제10-126호)
주소 04029 서울시 마포구 동교로12안길 35
전화 02-365-5051 | **팩스** 02-313-2729
전자우편 editor@hyeonamsa.com
홈페이지 www.hyeonamsa.com

ISBN 978-89-323-2475-3 03230